重庆工商大学商科国际化特色项目资助

重庆工商大学学术专著出版基金资助

资本市场财务与会计团队资助

教育部人文社会科学重点研究基地重庆工商大学长江上游经济研究中心资助

"三峡库区百万移民安稳致富国家战略"服务国家特殊需求博士人才培养项目资助

"一带一路"战略下西部地区国际产能合作与投融资研究团队（CJSYTD201711）资助

重庆市教委人文社会科学研究项目（21SKGH115）资助

重庆工商大学高层次人才项目（1955060）资助

重庆工商大学校内科研项目（2151014）资助

政府审计促进供给侧结构性改革的作用效果研究

唐嘉尉 ◎ 著

中国财经出版传媒集团

经济科学出版社

Economic Science Press

图书在版编目（CIP）数据

政府审计促进供给侧结构性改革的作用效果研究/
唐嘉尉著．—北京：经济科学出版社，2021.10
（资本市场会计研究丛书）
ISBN 978 - 7 - 5218 - 2970 - 9

Ⅰ.①政…　Ⅱ.①唐…　Ⅲ.①政府审计 - 影响 - 中国
经济 - 研究　Ⅳ.①F12

中国版本图书馆 CIP 数据核字（2021）第 210958 号

责任编辑：孙丽丽　何　宁
责任校对：齐　杰
版式设计：陈宇琰
责任印制：范　艳　张佳裕

政府审计促进供给侧结构性改革的作用效果研究
唐嘉尉　著
经济科学出版社出版、发行　新华书店经销
社址：北京市海淀区阜成路甲 28 号　邮编：100142
总编部电话：010 - 88191217　发行部电话：010 - 88191522
网址：www. esp. com. cn
电子邮箱：esp@ esp. com. cn
天猫网店：经济科学出版社旗舰店
网址：http://jjkxcbs. tmall. com
北京季蜂印刷有限公司印装
710 × 1000　16 开　15.25 印张　230000 字
2021 年 10 月第 1 版　2021 年 10 月第 1 次印刷
ISBN 978 - 7 - 5218 - 2970 - 9　定价：62.00 元

摘　　要

改革开放以来，我国经济长期处于高速发展的状态。2008 年爆发全球性的金融危机，世界经济发展进入萧条时期。中国经济由于受到外部环境的不利影响，面临较大下行压力，经济增长速度从 2008 年起开始逐年下滑，GDP 增速从 2007 年的 14.2% 下降至 2018 年的 6.6%。为进一步扩大内需，中央政府和相关部门相继实施了"四万亿计划"、宽松的货币政策、降准降息等多种措施，仍未能有效扭转经济增速逐年下滑的趋势。究其根本原因，主要在于经济主要矛盾发生变化，国内经济发展中表现出的需求不足成为表象，实质是供需错配制约了经济高速发展，当前经济社会的供给水平已然不能满足人民日益增长的物质文化需要。近年来，中国居民海外疯狂购物的新闻屡见不鲜，2015 年中国居民到日本抢购马桶事件曾轰动一时，引发国人深思。因此，仅从传统的需求侧发力难以解决我国当前经济发展面临的主要问题和主要矛盾。基于此，2015 年 11 月 10 日，习近平总书记在中央财经领导小组第十一次会议上首次提出"供给侧结构性改革"的相关概念，强调"在适度扩大总需求的同时，着力加强供给侧结构性改革，着力提高供给体系质量和效率，增强经济持续增长动力，推动我国社会生产力水平实现整体跃升"。《中华人民共和国国民经济和社会发展第十三个五年规划纲要》也明确强调必须着力推进供给侧结构性改革，使供给能力能够满足人民日益增长、不断升级和个性化的物质文化需要。随后的经济工作会议、党的十九大和政府工作报告中都多次强调要深化供给侧结构性改革，坚持"三去一降一补"的战略方式。全面推进供给侧结构性改革已然成为新时期我国经济社会发展的重要战略性举措。

政府审计作为国家政治制度的组成部分，是依法以权力监督制约权力的制度安排，是国家监督体系的重要组成部分。《中华人民共和国审计法》明确规定，审计机关依照法律规定独立行使审计监督权，不受其他行政机关、社会团体和个人的干涉，从法律上赋予了政府审计独立性、权威性和强制性的基本特征。2011 年 7 月，刘家义在中国审计学会第三次理事论坛上提出了"审计实质上是国家依法用权力监督制约权力的行为，其本质是国家治理这个大系统中一个内生的具有预防、揭示和抵御功能的'免疫系统'，是国家治理的重要组成部分"的重要命题，强调了政府审计在国家治理中的作用和地位。维护经济安全，促进经济平稳快速发展是实现国家良好治理的重要基础，政府审计作为服务国家治理的监督控制系统，应当成为促进经济健康发展的重要工具和重要手段。世界各国的审计机关在促进经济发展中均发挥了重要作用，美国审计署（GAO）在 2018 年 2 月 22 日发布的《美国审计署 2018 – 2023 年战略规划》①中阐述了审计署对联邦政府和社会有重大影响的八种发展趋势，主要包括了财政前景和债务、经济贸易、政府与治理、环境与可持续等八个方面，强调了政府审计在促进经济社会发展中的重要作用。最高审计机关国际组织（INTOSAI）2016 年 4 月发布的《2017 – 2022 年战略计划》将促进经济发展作为未来 15 年可持续发展计划的战略性目标之一，并进一步强调了各国政府的审计机关应当充分发挥审计职能，服务于战略性目标的实现，将政府审计纳入促进经济发展的战略框架之中。政府审计作为宏观调控的重要工具，是促进经济发展、实现国家良好治理的重要监督控制系统，其本质是一种保障和促进公共受托经济责任全面有效履行的特殊的经济控制机制，政府审计理应成为促进供给侧结构性改革、推动经济平稳较快发展的重要工具和手段。在经济发展进入新常态的现实背景下，如何更好地发挥政府审计的功能以促进供给侧结构性改革成为新时期审计理论研究的重要课题。

---

①　United States Government Accountability Office. Strategic Plan 2018 – 2023 ［S］. GAO – 18 – 396SP.

本书将政府审计作为基本研究对象，以公共受托经济责任为基本理论依据，以政府审计的经济控制功能为基本出发点，从理论和实证的角度系统深入地考察了政府审计对供给侧结构性改革产生的作用，并在理论分析和实证检验的基础上，探讨了政府审计促进供给侧结构性改革的具体实现路径。研究结论对于推动审计理论创新与发展、完善中国特色社会主义政府审计理论体系以及推进供给侧结构性改革有着极其重要的理论意义和现实意义。本书共包含七章，具体如下：

第一章，导论。导论章节主要介绍本书的研究背景和研究意义、研究思路和研究方法、研究内容和研究框架，并提出本书的预期创新。本章是本书的整体规划章节，统领全文。

第二章，文献综述。文献综述章节主要从供给侧结构性改革的相关研究、政府审计功能发挥的相关研究、政府审计促进供给侧结构性改革的相关研究三个方面对现有关于政府审计与供给侧结构性改革的相关文献进行了梳理，归纳和总结出现有文献存在的不足之处。本章通过对已有研究的综述，指明本书的研究动机和研究贡献，是本书后续研究的重要前提。

第三章，政府审计促进供给侧结构性改革的理论分析框架。本章以公共受托经济责任作为理论依据，以政府审计的经济控制功能为基本出发点，在确立供给侧结构性改革内涵的基础之上，从政府审计促进供给侧结构性改革的基本理论依据、政府审计促进供给侧结构性改革的功能定位和政府审计促进供给侧结构性改革的作用路径三方面，构建了政府审计促进供给侧结构性改革的理论分析框架。本章是本书的核心理论基础部分，为后续的研究奠定了理论基础。

第四章，政府审计与供给侧结构性改革——基于地方政府层面。本章基于地方政府层面考察了政府审计功能的发挥对供给侧结构性改革产生的影响。以各省份"三去一降一补"实施效果为作用对象，分别以各省份过剩产能总量变动衡量去产能实施效果、以住宅商品房待售面积变动衡量去库存实施效果、以人均地方政府债务规模衡量去杠杆实施效果、以规模以上工业企业综合成本负担衡量降成本实施效果、以获得的专利总量衡量补短板实施效果，以政府审计力量、审计执行力度和审计信息披露力度作为政府审计功能发挥的替代变量。将 2008～2016 年作为研究区间，实证检验政府审计对地方政府层面的供给侧结构性改革产生的具体影响。

第五章，政府审计与供给侧结构性改革——基于中央企业层面。本章基于中央企业层面考察了政府审计功能的发挥对供给侧结构性改革产生的影响。以国务院国有资产监督管理委员会（以下简称"国资委"）公布的中央企业（集团）及其下属控股上市公司"三去一降一补"实施效果为作用对象，分别以产能利用率衡量去产能实施效果、以房地产为主业的中央企业（以下简称"房地产中央企业"）存货变动衡量去库存实施效果、以资产负债率衡量去杠杆实施效果、以企业综合成本负担衡量降成本实施效果、以联合获得的发明数量衡量补短板实施效果，以是否接受过政府审计和政府审计介入前后作为政府审计功能发挥的替代变量。将 2008～2017 年作为研究区间，采用双重差分模型和跨期动态模型实证检验政府审计对中央企业层面的供给侧结构性改革产生的具体影响，并进一步检验了政府审计的增量效应和威慑效应。

第六章，政府审计促进供给侧结构性改革的实现方式。本章从推进审计全覆盖、完善政府审计相关制度、创新政府审计方法、改进政府审计方式四方面探讨了政府审计促进供给侧结构性改革的实现方式。

第七章，包含本书的研究结论、主要创新、研究局限与未来研究方向。本章对本书主要研究结论、研究创新点和贡献点以及研究可能存在的局限性进行总结，最后对政府审计促进供给侧结构性改革的未来研究方向进行展望。

本书通过理论分析框架的构建、地方政府层面和中央企业层面的实证检验以及实现方式的探索，得出以下研究结论：

（1）供给侧结构性改革是通过调整经济结构和优化资源要素配置的方式提高有效供给并最终实现经济高质量发展的一种战略性改革措施。供给侧结构性改革的主要措施在于调整经济结构和优化资源要素配置；主要着力点在于"三去一降一补"；主要目的在于提高有效供给并最终实现经济高质量

发展。供给侧结构性改革按照主要内容和作用主体的不同可以拓展为五大任务——"三去一降一补"和两大作用层面——地方政府层面和中央企业层面。

（2）从政府审计促进供给侧结构性改革的基本理论依据来看，政府审计是在公共受托经济责任产生的基础之上产生的，并随着公共受托经济责任的发展而发展，其主要目的在于确保全面有效地履行公共受托经济责任（蔡春，2001）。政府审计能够促进供给侧结构性改革是公共受托经济责任内涵不断拓展的必然要求。现有的法律法规和政府审计实践工作也为政府审计促进供给侧结构性改革的功能发挥提供理论支撑。从政府审计促进供给侧结构性改革的功能定位来看，政府审计在经济控制的本质功能下，可以通过发挥基本层次的监测功能和衍生层次的预防、预警、纠偏、修复功能促进供给侧结构性改革的贯彻落实。从政府审计促进供给侧结构性改革的作用路径来看，政府审计可以通过完善基础制度设计、监控经济权力运行和评估政策执行效果来促进地方政府层面的供给侧结构性改革；通过对中央企业的财务收支审计、领导干部经济责任审计和政策落实跟踪审计来促进中央企业层面的供给侧结构性改革。

（3）以2008～2016年为研究区间，实证检验了政府审计功能的发挥对地方政府层面的供给侧结构性改革产生的影响。研究发现，政府审计功能的发挥有利于各省去产能、去杠杆和补短板的实施，但在各省份去库存和降成本方面，政府审计的功能暂未显现。具体来看，第一，政府审计功能的发挥显著提高了各省份去产能的概率；进一步研究发现，政府审计功能发挥越强，各省份去产能程度越高；政府审计对各省份去产能概率的提升作用主要存在于国有企业规模占比较高的地区。第二，政府审计功能的发挥显著降低了各地方政府债务规模；进一步研究发现，政府审计对地方政府债务的抑制作用存在一定滞后效应；政府审计对地方政府债务的抑制作用主要存在于GDP晋升压力较高的地区。第三，政府审计功能的发挥显著增加了各省份专利获得数量；政府审计对各省份专利获得的增加作用存在一定滞后效应；在区分专利类型后发现，政府审计对发明专利、实用新型专利和外观设计专利的获得均存在显著增加作用。第四，政府审计对各省份去库存和降成本的促进作用尚未体现。

（4）以 2008～2017 年中央企业控股上市公司"三去一降一补"实施效果为作用对象，实证检验了政府审计功能的发挥对中央企业层面的供给侧结构性改革产生的影响。研究发现，政府审计功能的发挥有利于中央企业去产能、去杠杆和补短板的实现，但在去库存和降成本方面，政府审计的功能暂未显现。具体来看，第一，政府审计介入显著提高了中央企业产能利用率，且存在显著滞后效应；进一步研究发现，政府审计对中央企业产能利用率的影响存在增量效应，政府审计介入次数越多，中央企业产能利用率越高；政府审计对中央企业产能利用率的影响存在同省份威慑效应，当同年同省份被审计的中央企业越多，未被审中央企业的产能利用率越高。第二，政府审计介入显著降低了中央企业资产负债率，且存在显著滞后效应；进一步研究发现，政府审计对中央企业资产负债率的抑制作用存在增量效应，政府审计介入次数越多，中央企业资产负债率越低；政府审计对中央企业资产负债率的抑制作用存在同省份和同行业威慑效应，当同年同省份（同年同行业）被审计的中央企业越多，未被审中央企业的资产负债率越低。第三，政府审计介入显著增加了中央企业联合获得的发明数量，但该促进作用具有滞后效应；进一步研究发现，政府审计对中央企业创新的促进作用存在增量效应，政府审计介入次数越多，中央企业联合获得的发明数量越多；政府审计对中央企业创新的影响存在同省份威慑效应，当同年同省份被审计的中央企业越多，未被审中央企业联合获得的发明数量越多。第四，政府审计介入对房产中央企业去库存和中央企业降成本的促进作用尚未体现。

（5）在政府审计促进供给侧结构性改革的实现方式上，本书认为可以通过扩大政府审计范围和推行审计职业化建设来推进审计全覆盖；通过完善政府审计基本制度和政府审计结果公告制度来完善政府审计相关制度；应在供给侧结构性改革审计实践中推行持续审计和整合审计，并将审计端口前移，以提高政府审计效率和效果；同时加强对供给侧结构性改革中的制度合理性进行审计、政策落实情况进行跟踪审计和相关领导干部进行经济责任审计以实现对供给侧结构性改革的全程监控，从而保障供给侧结构性改革的贯彻落实。

本书的主要创新体现在以下三方面：

1. 构建了政府审计促进供给侧结构性改革的理论分析框架

本书在界定和拓展供给侧结构性改革内涵的基础上，从基本理论依据、功能定位和作用路径三方面构建了政府审计促进供给侧结构性改革的理论分析框架。从公共受托经济责任内涵拓展层面、政府审计本质功能发挥层面、法律法规层面和政府审计实践需求层面探讨了政府审计促进供给侧结构性改革的基本理论依据；从政府审计基本层次的监测功能和衍生层次的预防、预警、纠偏和修复功能探讨了政府审计促进供给侧结构性改革的功能定位；从完善基础制度设计、监控经济权力运行、评估政策执行效果、审查财务收支等多方面探讨了政府审计促进供给侧结构性改革的作用路径。理论框架的构建丰富了政府审计经济后果方面的研究，有利于理解政府审计在促进供给侧结构性改革中的重要作用。

2. 丰富了政府审计促进供给侧结构性改革的实证研究

现有文献多用规范的研究范式对政府审计在供给侧结构性改革中的促进作用进行探讨，用实证的范式对两者的关系进行检验的文献相对匮乏，这可能是受制于政府审计和供给侧结构性改革数据获取和匹配上的难度。本书按照实施主体的不同将供给侧结构性改革划分为地方政府层面和中央企业层面，分别以各省份和中央企业的"三去一降一补"实施效果为作用对象，实证检验了政府审计对供给侧结构性改革的促进作用。在一定程度上弥补了现有研究的不足，也能为后续实证研究提供一定参考。

3. 提出了政府审计促进供给侧结构性改革的实现方式

政府审计促进供给侧结构性改革的实现方式是政府审计功能发挥的重大保障，应结合政府审计的基本特征和供给侧结构性改革的内在含义以及政府审计促进供给侧结构性改革在实践中面临的具体问题，探讨政府审计促进供给侧结构性改革的实现方式。本书从推进审计全覆盖、完善政府审计相关制度、创新政府审计方法和改进政府审计方式四方面探讨了政府审计促进供给侧结构性改革的实现方式。可以为政府审计实践工作提供一定参考。

Abstract

China's economy has developed rapidly since the reform and opening up. In 2008, the financial crisis broke out and global economy was in recession. Affected by the adverse external environment, China's economy grows slowly. The growth rate of the economy declines year by year since 2008 and the GDP growth rate drops from 14.2% in 2007 to 6.6% in 2018. To fuel domestic demand and reverse the decline of the growth of economy, Chinese government has successively implemented various measures such as the 4 trillion stimulus plan, loose monetary policy, as well as lowering bank deposit interest and deposit reserve ratio, but all failed. The problem is that major economic contradictions have changed. The economic and social supply level can no longer meet people's growing material and cultural needs currently, and the misallocation of supply and demand constrains the development of the economy. Chinese people shopping abroad frantically in recent years, for example, Chinese rush to buy toilet lids in Japan in 2015, which is thought-provoking. Therefore, it is difficult to solve the problems faced by China's economy from the demand side only. On November 10th in 2015, President Xi proposed the 'supply-side structural reform' for the first time at the 11th meeting of the CPC Central Leading Group for Financial and Economic Affairs, and emphasized 'strengthening the supply-side structural reform and improving the quality of the supply system while moderately expanding domestic demand'. The Outline of the Thirteenth Five – Year Plan for National Economic and Social Development of the People's Republic of China' also emphasizes promoting 'supply-side

1

structural reforms' to meet people's growing, escalating and individualized need for material, culture and ecological environment. Besides, carrying on the 'supply-side structural reform' and adhering to the strategy of 'five priority tasks' – 'cutting overcapacity, de-stocking, de-leveraging, reducing costs and improving weak links' were emphasized repeatedly in the 19th National Congress and the government work report subsequently. Therefore, 'supply-side structural reform' has become an important strategy promoting the development of China's economy and society.

As a component of the national political system, government audit is an institutional arrangement that supervises and restricts power, and is an important part of the state supervision system. 'Audit Law of the People's Republic of China' stipulates that audit offices have the rights to audit and supervision independently in accordance with the law, indicating the independence, authority and mandatory of government audit. In July 2011, Jiayi Liu proposed that "government audit is essentially a process in which the government uses power to supervise and restrict power and is an 'immune system' that has the function of preventing, revealing and resisting in the big system of state governance" at the 3rd Board of Directors of China Audit Society, emphasizing the role of government audit in state governance. Maintaining the security of the economy and promoting the development of the economy are paths to sound governance in China. As a supervisory and control tool in the system of state governance, government audit is an effective way to promote the development of economy. Audit offices around the world all play important roles in guaranteeing the quality of the development of the economy. U. S. Government Accountability Office (GAO) published 'GAO 2018 – 2023 strategic plan' on February 22, 2018, stating eight trends affecting government and society, such as domestic and global security, economics and trade as well as environment and sustainability, showing the importance of government audit in advancing the development of economy and society. 'The 2017 – 2022 Strategic Plan' published

by the International Organization of Supreme Audit Institutions (INTOSAI) in April 2016 set 'promoting the development of economy' as one of the strategic goals of sustainable development in the next 15 years, and further emphasized that the global audit institutions should incorporate government audit into the strategic framework of increasing the development of economy. As a special economic control mechanism that guarantees and promotes the full and effective implementation of accountability, government audit is an effective supervisory and control system promoting the development of economy and improving state governance. Therefore, government audit must be an important tool to promote 'supply-side structural reform' and the quality of economy. Considering that economic development has entered 'new normal', how government audit serves for the 'supply-side structural reform' has become a hot topic in current area of auditing research.

Based on the theory of accountability and government audit, this study examines the role of government audit in the 'supply-side structural reform' theoretically and empirically, as well as explores the path of government audit to promote 'supply-side structural reform'. The conclusions of this study have theoretical and practical implication for promoting the development of audit theory, improving the Chinese government audit theory system, and advancing 'supply-side structural reform'. The remainder of this study is organized as follows.

Chapter 1 is introduction. This chapter mainly introduces the background, contribution, framework and research methods. Chapter 1 is the overall planning of this study.

Chapter 2 is literature review. This section reviews the literatures related with government audit and 'supply-side structural reform', summarizes the limitations as well as points out our motivation and contribution.

Chapter 3 is the theoretical framework of government audit promoting 'supply-side structural reform'. Based on the theory of accountability, the economic control function of the government audit and the content of the 'supply-side structural reform', this section constructs a theoretical framework of government audit promoting 'supply-side structural reform' including the theory, functional orientation and path. This chapter is one of the core parts of this study, which lays a theoretical foundation for the following chapters.

Chapter 4 is the empirical results of government audit and 'supply-side structural reform' at the local government level. According to the five major tasks of 'supply-side structural reform' – 'cutting overcapacity, de-stocking, de-leveraging, reducing costs and improving weak links', using provincial-level data, this chapter examines the role of government audit at the local government level empirically. Using 'changes of over-capacity, changes of house for sale, the scale of government debt per capita, the comprehensive cost of industrial enterprises, and the total number of patents obtained' to measure 'cutting overcapacity, de-stocking, de-leveraging, reducing costs and improving weak links' separately, and using 'the number of employees of the government audit offices, the number of people audited, the amount of money detected, and the number of the audit reports' to proxy for 'the intensity of government audit, the implementation of government audit in personnel and money, and the disclosure of government audit separately, using the samples from 2008 to 2016, we examine the specific impact of government audit on 'supply-side structural reform' at the local government level.

Chapter 5 is the empirical results of government audit and 'supply-side structural reform' at the central SOEs level. Using the state-owned enterprises controlled by central government (central SOEs) from 2008 to 2017 as samples, using 'capacity utilization rate, inventory changes of real estate enterprises, leverage, comprehensive cost of enterprises, the number of patents acquired jointly, audited by the audit office' to measure 'cutting overcapacity, de-stocking, de-leveraging, reducing costs, improving weak links and government audit separately, this chapter examines the specific impact of government audit on 'supply-side structural reform' at the central SOEs level, and further examines the incre-

mental effects and deterrent effects of government audit.

Chapter 6 is the path of government audit improving the 'supply-side structural reform'. This chapter explores the way of government audit to promote 'supply-side structural reform', such as advancing full coverage of government audit, improving the institutions of government audit, innovating the methods of government audit, and enriching the types of government audit.

Chapter 7 shows our conclusion, contributions, limitations and prospects. This chapter summarizes the conclusion, contributions, and the possible limitations. Finally, we look forward to the development of future research.

Through the framework construction, the empirical test at both the local government and central SOEs levels, and the proposal of the implementation methods, the following conclusions are drawn:

(1) The 'supply-side structural reform' is a strategy to improve the supply effectively and achieve high-quality economic development ultimately. The measures are to adjust the economic structure and optimize the allocation of resource; the focus is on 'cutting overcapacity, de-stocking, de-leveraging, reducing costs, improving weak links'; the purpose is to improve the quality of supply and thus the quality of development of economy. According to the main content, the 'supply-side structural reform' can be expanded into five basic tasks – 'cutting overcapacity, de-stocking, de-leveraging, reducing costs, improving weak links'; According to the subjects of the it works on, the 'supply-side structural reform' can be extended to reform at the local government and central SOEs levels.

(2) According to the theory of government audit, modern government audit originates from and develops with accountability, ensuring the full and effective implementation of accountability (Cai, 2001). Government audit promoting 'supply-side structural reform' is an inevitable requirement with the development of accountability. The laws, regulations and practices of government audit help government audit promote the 'supply-side structural reform'. Government audit can promote 'supply-side structural reform' through supervising, preventing, early warning, correcting and repairing. At the local government level, the way of government audit in promoting 'supply-side structural reform' includes improving basic system, monitoring economic power, and evaluating policy implementation effects. For central SOEs, the path of government audit to promote 'supply-side structural reform' consists of the financial statement audit, the audit of leaders' economic responsibilities and the audit of the implementation of key policy.

（3）Using provincial data from 2008 to 2016, this study examine the impact of government audit on 'supply-side structural reform' at the local government level. The result shows that the government audit helps to cut overcapacity, de-leverage and improve weak links, but fail to de-stock and reduce costs. Specifically, first, Government audit is helpful for de-capacity at the provincial level; the stronger the function of government audit is, the more over-capacity cut; this effect is more pronounced in provinces with more SOEs. Second, Government audit has reduced provincial debts significantly; further analyses indicate that this effect lagged; this effect is more pronounced in provinces with higher GDP promotion pressures. Thrid, Government audit has significantly improved the number of patents in each province, indicating that government audit improved innovation; further analyses indicate that this effect lagged; government audit improves the number of invention patents, utility model patents and design patents significantly. Fourth, No evidence shows the effect of government audit on de-stocking and reducing costs.

（4）Using central SOEs from 2008 to 2017 as sample, this study tests the impact of government audit on 'supply-side structural reform' at the central SOEs level. The result shows that government audit is conducive to cutting overcapacity, de-leveraging and improving weak links, but government audit do not work in de-stocking and reducing costs. Specifically, first, Government audit improved the capacity utilization rate of central SOEs significantly, and there is a significant lag

effect; further analyses indicate that the impact of government audit on the improvement of capacity utilization rate has an incremental effect, the more government audits, the higher of the capacity utilization rate of central SOEs is. There is a deterrent effect in the same province. The more central SOEs audited, the higher the capacity utilization rate of unaudited central SOEs in the same province is. Second, Government audit reduced the leverage of central SOEs significantly, and there was a significant lag effect; further analyses indicate that there is an incremental effect on the restraint of central SOEs' leverage. The more government audits, the lower the leverage of central SOEs is. There is a deterrent effect in the same province and industry. The more central SOEs audited, the lower the leverage of unaudited central SOEs in the same province and industry is. Thrid, Government audit increased the number of patents jointly acquired by central SOEs significantly, and this effect lagged; further analyses indicate that there is an incremental effect on the promotion of patent, and the more the government audits, the more patents jointly acquired by central SOEs are. There is a deterrent effect in the same province. The more central SOEs audited, the more the patent of unaudited central SOEs in the same province invent. Fourth, No evidence shows that government audit promoting the de-stocking of real estate central SOEs and the comprehensive cost in SOEs.

(5) This study postures that expanding the scope of government audit, constructing professional audit team and thus achieving full coverage help government audit promote 'supply-side structural reform'. Improve the government audit institutions, such as the basic institutions and the announcement institutions; Implement continuous audit and integrated audit in practice, and audit in advance to improve the efficiency and effectiveness of government audit. Audit the relevant institutions, conduct follow-up audits and economic responsibility audits of relevant leaders, so as to ensure the implementation of 'supply-side structural reform'.

The contribution of this study include following aspects:

(1) Constructing a theoretical analysis framework of government audit promoting 'supply-side structural reform'.

On the basis of defining and expanding the connotation of 'supply-side structural reform', this study constructs a framework including theory, function and path of government audit promoting 'supply-side structural reform'. The theory consists of the development of accountability, the nature of government audit, laws and regulations, as well as the practice of government audit. This study explores the role of government audit in facilitating 'supply-side structural reform' from monitoring (the basic function of government audit) to prevention, early warning, rectification, and repairment (the derived function of government audit). The path of government audit to promote 'supply-side structural reform' includes improving institution design, monitoring economic power, evaluating policy implementation, and auditing financial statements. The construction of the theoretical framework enriches the research relating with the consequences of government audit, and is conducive to understanding the important role of government audit in promoting 'supply-side structural reform'.

(2) Enriching the empirical study of government audit promoting 'supply-side structural reform'.

Existing literature discusses the effect of government audit on the 'supply-side structural reform' theoretically. Empirical research testing the relationship between government audit and 'supply-side structural reform' is relatively scarce, which may due to data limitation. Using the provinces and central SOEs as samples, this study tests the role of government audit in the 'supply-side structural reform' empirically at both the local government and the central SOEs level. This study makes up for the shortcomings of the existing research and provides foundation for future research.

(3) Proposing the path of government audit to promote 'supply-side structural reform'.

The way of government audit promoting the 'supply-side structural reform' guarantees the function of government audit. Combining the characteristics of government audit, the inherent meaning of 'supply-side structural reform' and the specific problems faced by government audit in promoting 'supply-side structural reform' in practice, this study puts forward the path for government audit to promote 'supply-side structural reform' from the perspective of advancing the full coverage of government audit, improving the institutions of government audit, innovating the methods of government audit, and enriching the types of government audit. This study provides reference for the practice of government audit.

第一章

导论

第一节　选题背景和研究意义

一、选题背景

改革开放以来，我国经济长期处于高速发展的状态。2008 年爆发全球性的金融危机，世界经济的发展进入萧条时期。中国经济由于受到外部环境的不利影响，面临较大的下行压力，经济增长速度从 2008 年起开始逐年下滑，国内生产总值（GDP）增速从 2007 年的 14.2% 下降至 2018 年的 6.6%。为进一步扩大内需，促进经济平稳较快增长，中央政府和相关部门相继实施了"四万亿计划"、宽松的货币政策、降准降息等多种措施，但仍未能有效扭转经济增速逐年下滑的趋势。究其根本原因，主要在于经济主要矛盾发生变化，"投资出口占比太大，消费占比太小"的时代正在逐渐远去，而"供给跟不上需求"正凸显经济增长的重要障碍[①]，故而传统拉动消费的政策难以为经济发展持续发力。随着经济总量以及人均收入的提升，居民消费水平正在逐渐上升，但当前经济社会的供给水平却难以满足人民日益增长的物质文化需要。近年来，中国居民海外疯狂购物的新闻屡见不鲜，2015 年中国居民到日本抢购马桶事件曾轰动一时，引发国人深思。可见，国内经济发展中表现出的需求不足成为表象，实质是供需错配制约了经济的高速发展，究其根本原因则在于国内供给难以满足居民消费升级的需求。因此，仅从需求侧发力难以解决我国当前经济发展面临的主要问题和主要矛盾。基于此，2015 年 11 月 10 日，习近平主持中央财经领导小组第十一次会议，首次提出"着力加强供给侧结构性改革"，强调"在适度扩大总需求的同时，着力加强供给侧结构性改革，着力提高供给体系质量和效率，增强经济持续增长动力，推动我国社会生产力水平实现整体跃升"。2016 年《中

[①]　东方财富网. 专家详解供给侧改革如何全面减税 [EB/OL]. http://finance.eastmoney.com/news/1350, 20151124568641312.html.

华人民共和国国民经济和社会发展第十三个五年规划纲要》也明确强调必须着力推进供给侧结构性改革，使供给能力满足广大人民日益增长、不断升级和个性化的物质文化和生态环境需要。2016年12月14日至16日召开的中央经济工作会议指出，要以"三去一降一补"五大任务为抓手，继续深化供给侧结构性改革，引导经济朝着更高质量、更有效率、更加公平、更可持续的方向发展。2017年10月18日，习近平在中国共产党第十九次全国代表大会上的报告中指出，要深化供给侧结构性改革，坚持去产能、去库存、去杠杆、降成本、补短板，优化存量资源配置，扩大优质增量供给，实现供需动态平衡；要把提高供给体系质量作为主攻方向，显著增强我国经济质量优势，建设现代化经济体系。2018年3月5日国务院政府工作报告中提出，要深入供给侧结构性改革，继续抓好"三去一降一补"，提升经济发展质量。2018年12月举行的中央经济工作会议再次指出，应当扎实推进供给侧结构性改革，促进新动能持续快速成长，加快制造业优化升级，继续抓好"三去一降一补"，深化简政放权、放管结合、优化服务改革。可见，全面推进供给侧结构性改革已然成为新时期我国经济社会发展的重要战略性举措。

政府审计作为国家政治制度的组成部分，是依法以权力监督制约权力的制度安排，是国家监督体系的重要组成部分。《中华人民共和国审计法》明确规定，审计机关依照法律规定独立行使审计监督权，不受其他行政机关、社会团体和个人的干涉，从法律上赋予了政府审计独立性、权威性和强制性等基本特征，将政府审计的监督职能与其他监督机构的监督职能有效区分开。2011年7月，刘家义在中国审计学会第三次理事论坛上提出了"审计实质上是国家依法用权力监督制约权力的行为，其本质是国家治理这个大系统中一个内生的具有预防、揭示和抵御功能的'免疫系统'，是国家治理的重要组成部分"的重要命题，强调了政府审计在国家治理中的作用和地位。维护经济安全，促进经济平稳快速发展是实现国家良好治理的重要基础，政府审计作为服务国家治理的监督控制系统，应当成为促进经济健康发展的重要工具和重要手段。世界各国审计机关在促进经济发展中均发挥了重要作用，美国审计署（GAO）2010～2015 年的战略规划①指出，要重点关注影响美国发展进程、世界地位和政府运行有效性等八大方面问题，其中经济复苏和经济增长位于八大问题的第三位，重申了政府审计在经济发展中起到的重要作用。而美国审计署（GAO）在 2018 年 2 月 22 日最新发布的《美国审计署 2018－2023 年战略规划》②中，在"影响政府和社会的发展趋势"部分阐述了"美国审计署"对联邦政府和社会有重大影响的八种发展趋势，主要包括了财政前景和债务、经济贸易、政府与治理、环境与可持续等方面。进一步强调了政府审计在促进经济社会发展中的重要作用。最高审计机关国际组织（INTOSAI）2016 年 4 月发布的《2017－2022 年战略计划》中将促进经济发展作为未来 15 年可持续发展计划的战略性目标之一，并进一步强调各国政府的审计机关应当充分发挥审计职能，服务于战略性目标的实现，将政府审计纳入促进经济发展的战略框架之中。供给侧结构性改革是我国宏观经济政策的一个战略性决策，是解决我国当前经济发展问题的关键措施，是维护我国经济安全、实现经济高质量发展的重大举措。政府审计作为宏观调控的重要工具，是促进经济发展、实现国家良好治理的重要监督控制系统，其本质是一种保障和促进公共受托经济责任全面有效履行的特殊的经济控制机制，政府审计理应成为促进供给侧结构性改革、推动经济平稳较快发展的重要工具和手段。在经济发展进入新常态的现实背景下，推行经济结构性改革势在必行，那么，如何更好地发挥政府审计的职能，促进供给侧结构性改革，从而推动经济高质量发展，成为新时期审计理论研究的重要课题。

二、研究意义

本书将政府审计作为基本研究对象，以公共受托经济责任为基本理论依

---

① United States Government Accountability Office. Strategic Plan 2010 – 2015 ［S］. GAO – 10 – 559SP.

② United States Government Accountability Office. Strategic Plan 2018 – 2023 ［S］. GAO – 18 – 396SP.

据，以政府审计的经济控制功能为基本出发点，从理论和实证的角度系统深入地考察了政府审计对供给侧结构性改革产生的促进作用，并在理论分析和实证研究的基础上，探讨了政府审计促进供给侧结构性改革的实现路径。研究结论对于推动审计理论创新与发展、完善中国特色社会主义政府审计理论体系以及推进供给侧结构性改革有着极其重要的理论意义和现实意义。

1. 理论意义

本书的研究以期能够在现有研究的基础之上，丰富和拓展政府审计的相关文献，为政府审计功能的发挥提供理论基础和经验证据。具体而言，主要包括以下两个方面：

一是系统深入地研究了政府审计功能的发挥，有利于推动审计理论的创新与发展。现有研究并未系统深入的剖析政府审计功能的发挥，本书全面系统的对政府审计功能的发挥进行了梳理和研究，并进一步将促进供给侧结构性改革纳入审计理论研究体系之中，对于强化政府审计功能、推动审计理论创新发展具有重要的理论和现实意义。

二是有利于探索政府审计促进供给侧结构性改革的研究路径。现有关于供给侧结构性改革的相关研究多从政策实施效果的角度进行了论述，较少的从政府审计监督的角度进行探讨。本书基于供给侧结构性改革的五大阶段性任务——"三去一降一补"，以政府审计为研究切入点，系统地论述了政府审计促进供给侧结构性改革的功能定位、作用路径和实现方式，对于深入理解政府审计促进供给侧结构性改革的作用机理和实现路径具有较强的指向性意义，同时也为后续的相关研究提供一定的借鉴和参考。

2. 现实意义

本书首先系统论述了政府审计促进供给侧结构性改革的理论基础，其次通过实证分析提供了政府审计促进供给侧结构性改革的直接性的经验证据，最后还探讨了政府审计促进供给侧结构性改革的实现方式，希望能够为政府审计机关等相关决策部门提供一定的参考意见。具体包括了以下两个方面：

一是强化了政府审计功能的发挥，提升了政府审计促进宏观经济政策平稳落地的作用效果。在实践层面，政府审计具有基本层次的监测功能和衍生层次的预防、预警、纠偏和修复功能，能够对经济政策的实施起到监控和促进作用。供给侧结构性改革是我国经济转型和高质量发展过程中重要的改革措施之一，政府审计作为国家监督体系的重要组成部分，只有充分发挥基本层次和衍生层次的几大功能才能更好地促进供给侧结构性改革的全面有效实施。本书从理论和经验的层面对政府审计促进供给侧结构性改革的作用效果进行了论述和检验，一定程度上有利于深化和指导政府审计的实践工作，提升政府审计在推进国家重大政策贯彻落实中的功能和作用。

二是为进一步推进供给侧结构性改革，保障经济持续健康发展提供重要的政策参考意见。经济安全在国家安全中占据重要地位，全面、协调、可持续的经济发展可以有效提升国家综合实力和国际竞争力，供给侧结构性改革是保障我国当前经济高质量发展的关键性改革举措。本书从政府审计的视角出发，探讨了政府审计促进供给侧结构性改革的的作用机理和实现方式，可以为相关决策部门提供一定的参考意见。

第二节　研究思路和研究方法

一、研究思路

政府审计是国家监督系统的重要组成部分，其本质是保障和促进公共受托经济责任全面有效履行的一种特殊的经济控制机制。政府审计产生于公共受托经济责任，并随着公共受托经济责任的发展而发展，当供给侧结构性改革成为公共受托经济责任的重要内容之时，政府审计理应发挥其监控职能以促进供给侧结构性改革的全面实施。本书按照"理论分析—实证检验—实现方式"的逻辑展开政府审计促进供给侧结构性改革作用效果的系统研究，旨在深入研究政府审计促进供给侧结构性改革作用机理的基础之上，寻找政府审计促进供给侧结构性改革的具体实现路径。

首先，本书对政府审计促进供给侧结构性改革的作用机理进行系统分析，从理论上探讨政府审计能否以及如何促进供给侧结构性改革，旨在构建一个政府审计促进供给侧结构性改革的理论分析框架，为后面的实证检验做好理论铺垫。具体探讨三个基本问题：一是政府审计促进供给侧结构性改革的理论依据；二是政府审计促进供给侧结构性改革的功能定位；三是政府审计促进供给侧结构性改革的作用路径。

其次，在理论分析的基础之上，分别基于地方政府层面和中央企业层面实证检验了政府审计功能的发挥对供给侧结构性改革五大阶段性任务——"去产能、去库存、去杠杆、降成本、补短板"产生的重大影响，以期提供政府审计促进供给侧结构性改革的直接性的经验证据，也为后面实现方式的提出提供一定支撑。

最后，提出政府审计促进供给侧结构性改革的实现方式。在理论分析和实证检验的基础上，提出以推进审计全覆盖、完善政府审计相关制度、创新政府审计方法、改进政府审计方式四个方面为中心的实现方式，以更好地发挥政府审计的功能和作用，服务于供给侧结构性改革，为经济增长速度和增长质量保驾护航，本书的研究思路如图 1 – 1 所示。

二、研究方法

本书研究方法可以划分为两个方面，一是贯穿全书的总体研究方法，主要包含归纳法、对比分析法、逻辑推理法和现状分析法等。在文献综述部分，主要使用归纳法、对比分析法等对现有研究进行收集和整理并作出评述；在理论分析章节主要使用归纳法和逻辑演绎法等对政府审计促进供给侧结构性改革的理论基础、功能定位和作用路径进行研究；在实现方式部分，则主要采用归纳法、现状分析法和逻辑演绎法等提出政府审计促进供给侧结构性改革的实现方式。这些总体研究方法的使用贯穿全书。二是聚焦实证研究的具体研究方法，主要包括了描述性分析、多元回归分析、倾向得分匹配法、双重差分、固定效应回归、Logit 回归方法、跨期动态回归等方法对政府审计促进供给侧结构性改革的作用进行实证检验。

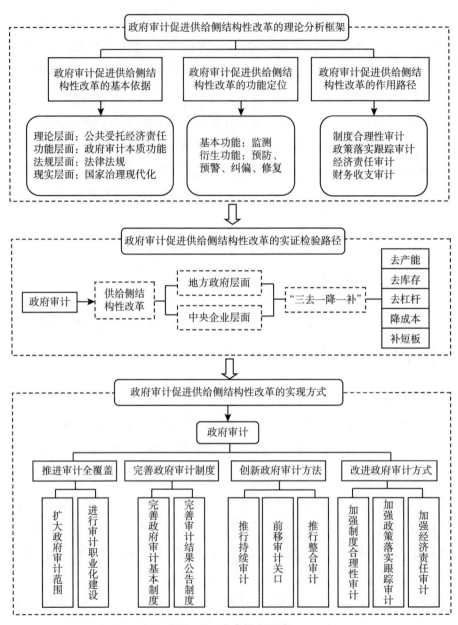

图 1-1   本书研究思路

第三节 预期创新

1. 构建政府审计促进供给侧结构性改革的理论分析框架

本书在界定和拓展供给侧结构性改革内涵的基础上，从基本理论依据、功能定位和作用路径三方面构建政府审计促进供给侧结构性改革的理论分析框架。从公共受托经济责任内涵拓展层面、政府审计本质功能发挥层面、法律法规层面和政府审计实践需求层面探讨政府审计促进供给侧结构性改革的基本理论依据；从政府审计基本层次的监测功能和衍生层次的预防、预警、纠偏和修复功能探讨政府审计促进供给侧结构性改革的功能定位；从完善基础制度设计、监控经济权力运行、评估政策执行效果、审查财务收支等多方面探讨政府审计促进供给侧结构性改革的作用路径。理论框架的构建可以丰富政府审计经济后果方面的研究，有利于理解政府审计在促进供给侧结构性改革中的功能发挥。

2. 丰富政府审计促进供给侧结构性改革的实证研究

现有文献多用规范的研究范式对政府审计在供给侧结构性改革中的促进作用进行探讨，用实证的范式对两者的关系进行研究的文献相对匮乏，这可能是受制于政府审计和供给侧结构性改革数据获取和匹配上的难度。本书按照主体的不同将供给侧结构性改革划分为地方政府层面和中央企业层面，分别以各省份和中央企业的"三去一降一补"实施效果为研究对象，实证检验政府审计对供给侧结构性改革产生的促进作用。在一定程度上可以弥补现有研究的不足，也能为后续实证研究提供一定参考。

3. 提出政府审计促进供给侧结构性改革的实现方式

政府审计促进供给侧结构性改革的实现方式是政府审计功能发挥的重大保障，应结合政府审计的基本特征和供给侧结构性改革的内在含义以及政府审计促进供给侧结构性改革在实践中面临的具体问题，探讨政府审计促进供给侧结构性改革的实现方式。本书从推进审计全覆盖、完善政府审计相关制度、创新政府审计方法和改进政府审计方式四个方面探讨政府审计促进供给侧结构性改革的实现方式。可以为政府审计实践工作提供一定参考。

第四节　研究框架

本书将政府审计作为基本研究对象，以公共受托经济责任为基本理论依据，以政府审计的经济控制功能为基本出发点，从理论和实证的角度系统深入地考察了政府审计对供给侧结构性改革产生的促进作用，并在理论分析和实证研究的基础上，探讨了政府审计促进供给侧结构性改革的具体实现路径。研究结论对于推动审计理论创新与发展、完善中国特色社会主义政府审计理论体系以及推进供给侧结构性改革有着极其重要的理论意义和现实意义。本书一共包含七章，具体如下：

第一章，导论。导论章节主要介绍本书的研究背景和研究意义、研究思路和研究方法、研究内容和研究框架，并提出本书的预期创新。本章是本书的整体规划章节，统领全文。

第二章，文献综述。文献综述章节主要从供给侧结构性改革的相关研究、政府审计功能发挥的相关研究、政府审计促进供给侧结构性改革的相关研究三个方面对现有关于政府审计与供给侧结构性改革的相关文献进行了梳理，归纳和总结出国内外现有文献存在的不足之处。本章通过对已有研究的综述，指明本书的研究动机和研究贡献，是本书后续研究的重要前提。

第三章，政府审计促进供给侧结构性改革的理论分析框架。本章以公共受托经济责任作为理论依据，以政府审计的经济控制功能为基本出发点，在确立供给侧结构性改革内涵的基础之上，从政府审计促进供给侧结构性改革的基本理论依据、政府审计促进供给侧结构性改革的功能定位和政府审计促进供给侧结构性改革的作用路径三个方面，构建了政府审计促进供给侧结构性改革的理论分析框架。本章是本书的核心理论基础部分，为后续的研究奠定了理论基础。

第四章，政府审计与供给侧结构性改革——基于地方政府层面。本章基

于地方政府层面考察了政府审计功能的发挥对供给侧结构性改革产生的影响。以各省份"三去一降一补"实施效果为作用对象，分别以各省份过剩产能总量变动衡量去产能实施效果、以住宅商品房待售面积变动衡量去库存实施效果、以人均地方政府债务规模衡量去杠杆实施效果、以规模以上工业企业综合成本负担衡量降成本实施效果、以获得的专利总量衡量补短板实施效果，以政府审计力量、审计执行力度和审计信息披露力度作为政府审计功能发挥的替代变量。将 2008～2016 年作为研究区间，实证检验政府审计对地方政府层面的供给侧结构性改革产生的具体影响。

第五章，政府审计与供给侧结构性改革——基于中央企业层面。本章基于中央企业层面考察了政府审计功能的发挥对供给侧结构性改革产生的影响。以国资委公布的中央企业集团及其下属控股上市公司"三去一降一补"实施效果为作用对象，分别以产能利用率衡量去产能实施效果、以房地产中央企业存货变动衡量去库存实施效果、以资产负债率衡量去杠杆实施效果、以企业综合成本负担衡量降成本实施效果、以联合获得的发明数量衡量补短板实施效果，以是否接受过政府审计和政府审计介入前后作为政府审计功能发挥的替代变量。将 2008～2017 年作为研究区间，采用双重差分模型和跨期动态模型实证检验政府审计对中央企业层面的供给侧结构性改革产生的具体影响，并进一步检验了政府审计的增量效应和威慑效应。

第六章，政府审计促进供给侧结构性改革的实现方式。本章从推进审计全覆盖、完善政府审计相关制度、创新政府审计方法、改进政府审计方式四个方面探讨了政府审计促进供给侧结构性改革的实现方式。

第七章，研究结论、主要创新、研究局限与未来研究方向。本章对本书主要研究结论、研究创新点和贡献点以及研究可能存在的局限性进行总结，最后对政府审计促进供给侧结构性改革的未来研究方向进行展望，如图 1-2 所示。

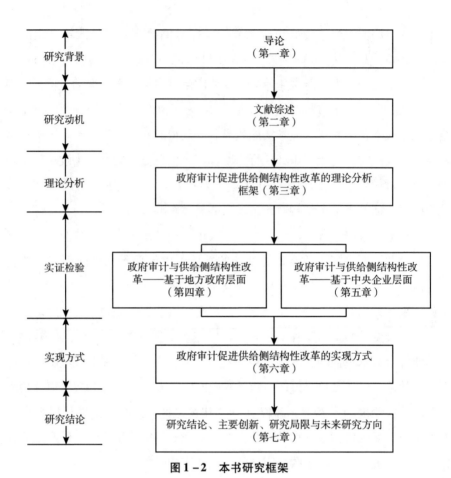

图1-2　本书研究框架

第二章

文献综述

本章将分别从以下几个方面对现有文献进行综述：（1）供给侧结构性改革的相关研究；（2）政府审计功能发挥的相关研究；（3）政府审计促进供给侧结构性改革的相关研究。通过对现有文献进行系统的归纳和整理，了解供给侧结构性改革的研究现状以及政府审计促进供给侧结构性改革的功能发挥的基本情况。为本书的后续研究奠定了文献基础。

第一节　供给侧结构性改革的相关研究

有关供给侧改革的研究最早始于 19 世纪初期，法国的经济学家让·巴斯蒂特·萨伊提出"萨伊定律"（Say，1803，1817）。"萨伊定律"认为，需求不能决定供给，而供给可以决定需求，需求随产出的变动而变动，社会产出多少供给，就会相应的产生多少的需求。在经济学发展过程中，供给和需求不断交替地占据着主导地位。"萨伊定律"的出现引发了有关需求和供给、消费和生产之间相互关系和作用地位的思考和探索，供给侧学派随之产生和发展起来。而国内有关供给侧的研究则是在参考和借鉴国外研究的基础上逐步展开，但我国当前所热议的供给侧结构性改革产生和发展的背景条件以及核心思想与国外供给学派有着本质区别，并不能等同起来一概而论。

一、西方供给学派的产生和发展

供给侧学派思想产生于 19 世纪初期的萨伊定律，随着经济社会的发展变化逐步经历了 20 世纪 30 年代的"凯恩斯主义"、20 世纪 70 年代的"供给学派"、20 世纪 80 年代末的"凯恩斯主义复辟"，直至 2008 年金融危机之后的"供给管理（新供给经济学）"的发展过程。贾康和苏京春（2014，2016）、魏鹏（2016）等将"供给侧"经济学派的发展总结并归纳为两轮"否定之否定"的发展路径，也即"萨伊定律→凯恩斯主义→供给学派→凯恩斯主义复辟→供给管理（新供给经济学）"的历史轨迹。他们指出第一轮"否定之否定"乃"萨伊定律→凯恩斯主义→供给学派"，第二轮"否定之否定"乃"供给学派→凯恩斯主义复辟→供给管理（新供给经济学）"（贾康和苏京春，2014，2016）。

1. 萨伊定律

19 世纪初期，法国正处于拿破仑时代，封建主义和资本主义正处于交替时期，内外战争不断，此时的法国经济长期处于供不应求的状态。在供给和需求的基本矛盾中，总供给短缺成为矛盾的主要方面。在这样的时代背景下，法国经济学家让·巴斯蒂特·萨伊在《政治经济学概论》（1803）一书中提出了著名的"萨伊定律"，他认为供给创造了需求，只要能够生产出来，便能够被需求所消化。在"萨伊定律"中还强烈反对政府干预，主张不干预和放任自由的经济发展状态，认为市场经济自身具有强大的调节作用，市场能够自动合理的调节供给和需求以达到均衡。在当时各国经济所处的历史背景下，各类物资极为短缺，完全自由的市场经济能够使供给创造需求，因而社会整体上实现均衡（左进玮，2017；亓为康，2018）。"萨伊定律"在当时对各国的经济发展产生了重大影响。直至"大萧条"引发的凯恩斯革命，彻底否定了"萨伊定律"的基本思想，供给学派遭受第一次否定。

2. 凯恩斯主义

20 世纪 30 年代，美国经济出现严重的经济危机，经济发展进入"大萧条"时期。萨伊所提倡的自由主义没能帮助各国政府复苏经济，各界开始对萨伊的自由市场基本理论产生怀疑。此时，凯恩斯主义伴随着经济危机逐渐兴起，凯恩斯主义的出现寓意着"萨伊定律"开始逐步退出历史舞台。凯恩斯主义与"萨伊定律"的主要观点基本相悖，凯恩斯否认了萨伊的供给创造需求的基本论点。凯恩斯在 1936 年出版的《就业、利息与货币通论》中指出，市场中的自动调节机制不能使生产和需求达到均衡，这一基本论点和萨伊定律完全相悖。凯恩斯认为经济危机的主要原因在于市场需求不足（凯恩斯，1936），尤其是消费倾向递减、资本边际效率递减、灵活偏好心理等规律引发的有效需求不足（蒋卓含和卢建平，2017），此时萨伊所倡导的重视供给并不能有效解决当前经济危机爆发出的核心问题。所以，凯恩斯主张应当加强政府干预，限制不合理的市场竞争，运用扩张性的需求管理政策来扩大社会总需求，解决经济危机，实现经济增长（凯恩斯，1946）。此时，凯恩斯主义逐步取代"萨伊定律"成为各国政府经济复苏的主要指导思想。

3. 供给学派

20 世纪 70 年代，美国经济出现"滞胀"问题，"滞胀"作为一种新的经济危机迅速席卷美国并可能威胁到其他各国经济，"滞胀"的出现对凯恩斯主义提出了挑战。此时，凯恩斯所强烈推行的需求管理政策无法有效消除"滞胀"，这便预示着凯恩斯主义将逐步被现实淘汰，走向衰亡。随之，伴随着"滞胀"问题出现了以拉弗为代表的供给学派。供给学派延续了萨伊的主要理论基础，认为经济发展仍然应当强调生产和供给，供给是刺激经济发展的主要因素（亓为康，2018），供给学派对凯恩斯提出的以"需求侧"为主的经济论点进行了全面的批判和否定。他们认为应当通过减少政府干预，通过降税等放松各类限制和管制的供给管理来摆脱"滞胀"并实现经济增长。供给学派所提出的理论和思想在应对"滞胀"方面取得较好的成效，逐渐成为里根政府和英国撒切尔政府扭转经济颓势的主要指导思想。

4. 凯恩斯主义复辟

然而，在 20 世纪 80 年代末，供给学派所提倡的减税降税等供给管理政策并没有像预期那样使得美国经济迅速复苏，反而由于减税降税政策的全面实施使得联邦政府赤字连连。随之，美国"新经济"开始出现，这使美国产业机构发生重大变化，大量高科技产业的发展使美国各界开启了对科技追求的浪潮。而供给学派的供给管理政策并未对此进行预期，仍旧坚持减税降税的保守政策难以继续推动美国的经济发展，逐步脱离经济发展的核心，反而在一定程度上成为经济发展的绊脚石。此时凯恩斯主义又重返历史舞台，以萨缪尔森为代表的凯恩斯主义复辟者倡导宏观调控的指导思想，在该阶段对美国经济乃至全球经济都产生了重大影响。

5. 供给管理（新供给经济学）

2008 年美国爆发严重的"次贷危机"，并迅速席卷全球，引发世界范围内的金融危机，直接导致社会各界对凯恩斯主义的再次质疑。此时，美国对

本国宏观经济进行了强有力的"供给管理"，使美国较快地走出了金融危机的困境。自此，"供给管理"政策开始在各国盛行，这也是标志着供给学派对凯恩斯主义的第二次否定。供给学派的发展脉络如图2-1所示。

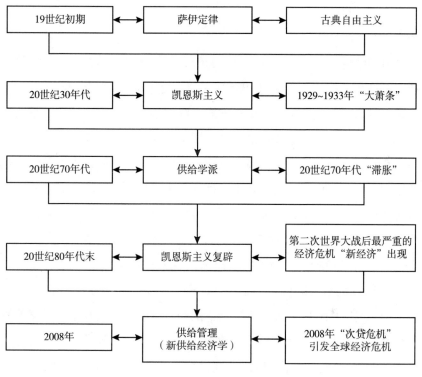

图2-1 供给学派发展脉络

二、供给侧结构性改革的产生和发展

"供给侧"这一基本概念，并不仅仅应用于西方国家，在经济社会的改革发展过程中世界各国都相应的实施过"供给侧改革"，由于各国所处的基本制度、国情以及所面临的经济问题的不同，在推行供给侧改革的过程中存在不同的实施手段。中国经济发展所存在的问题并不是美国经济发展中曾出现过的"大萧条""滞胀""新经济"问题，所以在推行供给侧改革的过程中不应当照搬西方理论（秦娟，2017）。中国现阶段出现的高端供给不足、结构性失调和经济增速下滑等问题迫在眉睫，国内大量学者也一致认为供给侧结构性改革是解决我国目前经济发展所面临问题的重要手段（魏鹏，2016）。尤其是在 2008 年全球经济危机爆发之后，中国经济由于受到外部环境的不利影响面临逐年下滑的发展趋势，国内各界对供给侧结构性改革的需求更为迫切。自此，学界也加强了对供给侧结构性改革的思考和实践（贾康和苏京春，2016）。

　　供给侧结构性改革的思想最早起源于有关需求侧管理和供给侧管理地位的基本讨论。杨沐和黄一义（1986）最早提出需求管理应与供给管理相结合的基本理念。他们指出中国经济发展在取得重大进展的同时，存在偏好需求管理，而忽视需求管理和供给管理协调运用的倾向。但需求管理存在一定的局限性，仅实施需求管理政策难以实现社会的供需平衡，也难以助推经济长期稳定增长。他们认为需求和供给基本平衡才是任何经济社会稳健运行的基本条件，只有将需求管理和供给管理有机结合才能实现供需平衡，促进经济持续稳定增长。他们的研究较好地将供给管理纳入经济发展的框架之中。随后，周天勇（1996）针对中国当时所面临的通货膨胀现状指出我国应当从效率角度切入改善供给，以实现经济健康发展。在 1999 年，张晋生也指出依据中国当时的经济发展水平、特殊的经济制度背景以及供给对需求的内在制约，只有适时地实行需求管理政策向供给管理政策的转换，才能使我国经济走出低谷。马琳琳（2006）发现供给学派中有关财政赤字的部分观点对我国宏观经济政策的制定和实施具有较强的借鉴和指导作用。刘伟和苏剑（2007）分析了中国宏观经济失衡的五大突出矛盾点和相伴而生的需求管理政策的三大局限性，提出了在长期和短期经济波动中引入供给管理的必要性和客观性，还确立了需求管理政策和供给管理政策相互结合的基本原则。滕泰（2013）也提出了通过提供有效供给以减弱需求管理以推动改革的政治策略。刘伟（2014）认为应当采取以需求管理为辅，供给管理为主的经济发展政策。大量学者在研究中肯定了供给管理在经济发展和改革过程中的重要地位（刘孟琦，2006；周天勇，2012；金海年，2014；高培勇，2014；郭月梅，2015；李婷，2015；邓磊，2016；胡鞍钢，2016；等等）。其中，在

2013年1月，以贾康为代表的中国供给学派发表了《中国需要构建和发展以改革为核心的新供给经济学》一文，标志着中国供给侧结构性改革思想进入初级阶段，"新供给经济学"在我国逐步确立起来。此后关于供给侧结构性改革的文章与日俱增。相关研究主要集中于以下两个方面。

1. 供给侧结构性改革的内涵

2015年11月10日，习近平主持中央财经领导小组第十一次会议，明确提出"着力加强供给侧结构性改革"。之后，大量规范研究对供给侧结构性改革的内涵进行了探讨。贾康（2016）指出，供给侧结构性改革的核心内涵是解放生产力，并强调从供给角度去优化结构，加强有效供给。杨蕾等（2016）认为供给侧结构性改革的目的是通过经济结构的调整实现资源的合理配置，并最终服务于经济高质量发展。康丕菊和彭志远（2017）指出，供给侧结构性改革将宏观经济管理的主要目标定位在改善供给，当前所提倡的供给侧结构性改革并非剔除需求管理，本质上供给侧结构性改革是包含了短期的需求管理的。谭高（2017）的观点与杨蕾等（2016）基本一致，都从经济结构的调整方面进行了论述。亓为康（2018）指出，供给侧结构性改革，旨在促进我国经济深层次持续健康发展，用改革的办法推进结构调整，提高供给质量和效率。

2. 供给侧结构性改革的实现方式

北京大学学者厉以宁提出了定向调控、鼓励高新企业、提高劳动力素质、加快国有企业混合所有制改革等六个方面促进供给侧结构性改革贯彻落实的建议。[①] 贾康（2016）就如何优化供给侧环境机制提出调整人口政策、推动土地制度改革、实施金融改革、激发微观经济活力、实施教育改革和创新驱动战略五个方面建议。赵晓（2016）指出供给侧结构性改革首先是清理无效供给，其次才是挖掘潜在供给，最后是创造新供给。赵宇（2017）表示，应当将提高供给体系质量和效率并增强供给对需求变化的灵活性作为

---

① 厉以宁. 供给侧改革在于经济结构的调整更注重中期［EB/OL］.（2015-11-28）. http：//www. ce. cn/cysc/newmain/yc/jjsp/201511/28/t20151128_7186399. shtml.

供给侧结构性改革的主攻方向，将"三去一降一补"作为当前的主要任务，将改革和创新作为本质属性和基本途径。谭高（2017）认为应当以创新为中心，积极推进"三去一降一补"工作作为供给侧结构性改革的实现路径。

三、供给侧结构性改革与西方供给学派的区别

大量学者就中国的供给侧结构性改革和西方的供给学派之间的区别做了详细论述。胡雪峰（2016）立足中国国情，从供给侧结构性改革的提出背景、本质、内容和政策含义四个方面详细论述了两者之间的差异。他指出，中国的供给侧结构性改革的提出背景在于成长接续而非滞胀泥潭，而我国的供给侧结构性改革强调需求侧和供给侧相互协调配合而非片面地强调供给侧，在政府与市场的关系中也积极肯定了政府在推进改革过程中的重要作用而非忽视政府的经济引导作用。杨蕾等（2016）曾指出，中国的新供给经济学是在"供给侧"经济学两轮否定之否定的基础上发展起来的，与美国供给学派是两个不同阶段的供给侧经济学，两者在系统完整性、包容性、建设性和创新性等方面存在较大差异。中国的供给侧结构性改革强调供给侧的同时，也肯定了需求侧的重要现实意义，而美国的供给学派则一味否定需求侧，强调供给侧是唯一能够促进经济增长的途径。而中国的供给侧结构性改革在强调市场的基础性作用的同时，也肯定了政府和公有制经济在完成改革中的重要作用，反对供给学派所主张的减少政府干预等政策措施。易信和郭春丽（2017）也指出，中国所推行的供给侧结构性改革虽吸收了西方经济学中的有益思想，但在理论背景、理论基础、政策手段和政策机制方面与西方经济学存在本质区别。在理论背景和理论基础上，西方供给学派产生于西方经济体的"滞胀"背景之下，他们强调供给侧是推动经济发展的唯一源泉，而中国的供给侧结构性改革则是产生于经济发展过程中的中长期增长和结构性调整的制约；在政策手段和政策机制上，供给学派强调减少政府干预，由市场自主调整，而中国则强调"市场有效、政府有为"的基本策略。

第二节 政府审计功能发挥的相关研究

现有关于政府审计功能发挥的研究较为丰富，文献主要集中在政府审计功能的界定、政府审计功能的衡量、政府审计与国家治理等几个方面。

一、政府审计功能的界定

《中国特色社会主义审计理论研究》课题组（2013）曾明确指出，审计的功能和审计的职能无须严格进行区分。早期的研究中多使用审计职能这一概念，而在后期的研究中则更多的使用审计功能一词。审计职能是由审计的本质所决定的，审计职能并非固定不变的，它会随经济发展和管理要求提高而不断发展（阎金锷，1985）。娄尔行（1987）指出，审计职能是由审计本质属性所决定的审计固有的、内在的功能。萧英达（1991）指出，审计职能是指审计本身所具有的功能，是审计能够适应社会经济发展所需要具备的能力，它是内生于审计的客观属性，是客观存在的东西。审计职能概念的提出主要在于回答"审计到底能干什么？"这一基本问题。政府审计作为审计的实现方式之一，其功能的发挥与审计职能的发挥一脉相承，主要在于回答"政府审计到底能干什么？"的基本问题。政府审计功能从早期存在的"单一功能论""功能体系论""功能演进论""功能主次论"发展到后来的"免疫系统论"。政府审计功能的内容一直随着社会经济的发展不断地拓展和创新，一直以来对理论界和实务界起到了重要的指导作用。但现有文献中，政府审计功能划分仍未能形成一致观点。概括起来，主要包括以下几种观点。

1. "单一功能论"

支持单一功能论的学者指出，政府审计的功能只能有一个（AAA[①]，

---

① AAA 是指："Auditing Concepts Committee, A Statement of Basic Concepts, American Accounting Association"。

1973；Flint，1988；阎金锷，1989；曹玉庭，1990；萧英达，1991；查英男，1992；等等）。但是，不同的学者对于单一功能的表述各有不同。有学者认为，经济监督是政府审计的唯一功能（阎金锷，1987；张英明，1987；张延民，1987；曹玉庭，1990；萧英达，1991；等等）。如阎金锷（1987）指出，审计的功能是经济监督，其他功能皆是实现审计监督功能所起的作用，审计是一项独立的经济监督活动，其内在功能是经济监督。张延民（1987）也提出类似观点，他认为审计具有监督职能，在行使监督职能时有"查证"监督职能、"公证"监督职能和"建设"监督职能三种表现形式。萧英达（1991）指出，经济监督是审计的唯一功能，但功能的唯一性并不排除形式和方法的多样性。此外，也有学者认同单一功能论，但并不认同将经济监督作为其唯一功能的解释。李翔华（1987）将公证功能作为审计的唯一功能。范宏伟（1990）则将审计的经济证明视作唯一功能。林志军（1988）指出应当将审计的鉴证职能作为审计的唯一功能。此外，还有众多学者对单一功能论有其他表述，如查账论（AAA，1973）、经济控制论（Flint，1988）、经济验证论（水志仁，1988）和经济判断论（李英男，1992）等。

2. "多功能论"

多功能论的学者认为政府审计的功能应当是两个及两个以上（娄尔行和唐清亮，1987；高明耀和王林扶，1990；陈晓燕，2000；聂新军，2008；等等）。其中，较多的学者认为政府审计应当具有经济监督、经济评价和经济鉴证三个功能（李奎斗，1988；宋国毅，1988；高明耀和王林扶，1990；朱翠兰，2003；李凤鸣，2006；肖振东，2007；等等）。李奎斗（1988）曾指出政府审计的职能为监督、评价和公证。宋国毅（1988）也曾指出政府审计具有经济监督、经济评价和经济鉴定等多种功能，而经济监督为基本功能。而高明耀和王林扶（1990）认为，监督、评价和鉴证这三种功能应当处于并列地位。朱翠兰（2003）指出，审计的功能应当随着经济发展不断变化，但一般而言应当具有监督、鉴证和评价的功能。此外，多功能论的学者中，也有部分学者提出了不同的看法，如张以宽（1983）认为政府审计应当具有监督、监察、管理、公正、稽核和保护等功能。他将政府审计的功能进行了进一步扩展和细化。娄尔行（1987）以及李若山（1995）则认为政府审计应当具有监督和公证两个功能。冯均科（1994）指出，经济监督是审计的基本功能，其下应当包括经济监察、经济控制、经济公证和经济调节四个功能。宋慧英等（2003）指出审计的基本功能是受托经济责任的信息认证功能，具体功能则是监督、鉴证和评价功能。

3. "免疫系统论"

除去传统的单一功能论和多功能论，目前较为盛行的还有"免疫系统论"。2007年，刘家义在全国审计工作会议上首次提出了"现代国家审计是经济社会运行的一个'免疫系统'的观点"，对审计理论的创新和发展具有十分重要的理论指导意义，"免疫系统论"指出政府审计具有预防、揭示和抵御的基本功能。随后大量学者对"免疫系统论"进行了研究，并将"免疫系统论"用于解释政府审计功能的发挥（宋常，2009；杨肃昌和李敬道，2011；覃霞凤，2013；郑石桥，2015；刘家义，2015；等等）。宋常（2009）认为，免疫系统理论是一种全新的理念和视野，它将社会经济运行中的审计系统与人体的免疫系统结合起来进行讨论，最后还指出人体免疫系统的自发性和自适应性是审计机制创新值得借鉴的部分。杨肃昌和李敬道（2011）从政治学的视角论述"免疫系统论"，他们指出国家治理是一个大系统，国家审计只是其中一个子系统，国家审计的实质权力在于监督受托经济责任的履行情况。覃霞凤（2013）指出，审计"免疫系统"的基本功能包括保护功能、清除功能和修补功能。

二、政府审计功能的衡量

现有研究中对政府审计功能衡量的指标多基于中华人民共和国审计署（以下简称审计署）公布的审计结果公告和《中国审计年鉴》进行构建。审计结果公告主要是对中央企业进行审计的基本结果，《中国审计年鉴》则主要是基于省市层面的各地方审计机关进行审计的基本结果。

在中央企业审计中，较多的研究基于政府审计年度构建虚拟变量对政府审计功能进行衡量（蔡利和马可哪呐，2014；蔡利和周微，2016；周微等，

2017；霍同美子，2017；李青原和马彬彬，2017；吴业奇，2017；褚剑等，2018；褚剑和方军雄，2018；等等），还有部分文献进一步将政府审计次数作为政府审计功能的衡量指标（褚剑和方军雄，2017；李青原和马彬彬，2017；褚剑和方军雄，2018；等等）。

　　基于地方审计机关审计结果对政府审计功能指标进行构建的文献更为丰富，学者们基于不同视角对政府审计功能衡量指标进行了划分。一是基于刘家义提出的"免疫系统论"将政府审计功能划分为揭示、抵御和预防功能，并采用对应的指标对三大功能进行衡量（黄溶冰和王跃堂，2010；刘雷等，2014；吴勋和王琳，2015；吴勋和王雨晨，2016；等等）。如黄溶冰和王跃堂（2010）采用人均审计决定处理处罚金额衡量政府审计的抵御功能，采用人均审计移送处理人数衡量政府审计揭露功能，采用人均提交工作报告、信息简报篇数衡量政府审计预防功能；吴勋和王雨晨（2016）用移送司法、纪检监察和有关部门的人员作为政府审计揭示功能的衡量指标，用司法、纪检监察和有关部门已处理人数作为政府审计抵御功能的衡量指标，用审计建议采纳率作为政府审计预防功能的衡量指标。二是按照政府审计力量、政府审计执行力度、政府审计处罚力度和政府审计信息披露力度对政府审计功能进行划分，再选取相对应的衡量指标（李江涛等，2011；陈丽红等，2016；等等）。如李江涛等（2011）采用审计人员数量作为政府审计力量的衡量指标，采用发现的问题金额数量作为政府审计执行力度的衡量指标，采用被审计领导干部人数作为政府审计业务量的衡量指标。此外，还有部分学者采用单一指标对政府审计功能进行衡量（蒲丹琳和王善平，2014；李明和聂召，2014；吴秋生等，2016；等等）。如蒲丹琳和王善平（2014）采用经济责任审计处罚人员数量作为政府审计功能的衡量指标；吴秋生等（2016）采用政府审计查出违规金额数与地区生产总值比值作为政府审计功能的衡量指标；李明和聂召（2014）采用查出问题资金数量作为政府审计功能发挥的衡量指标。可见，基于地方审计机关的审计结果对政府审计功能指标进行构建中，分类标准众多，但每类指标下属的度量方式实则大同小异，如表2-1所示。

表 2 – 1   政府审计功能的衡量

分类	衡量方法	代表文献
政府审计虚拟变量	审计介入年度当年及其以后年度取1，其他取0	蔡利和马可哪呐（2014） 周微等（2017） 褚剑和方军雄（2018）
政府审计次数	政府审计介入次数累加之和	褚剑和方军雄（2017） 李青原和马彬彬（2017） 褚剑和方军雄（2018）
审计力量强度	审计机关人员数	陈丽红等（2016） 黄溶冰和乌天玥（2016）
审计任务执行力度	被审计单位个数	吴秋生等（2016）
	被审计领导干部人员数	李江涛等（2011）
	审计查出主要问题金额，包括违规金额、损失浪费金额和管理不规范金额	李江涛等（2011） 李明和聂召（2014）
	移交纪检、监察机关和司法机关处理的人员数	黄溶冰和王跃堂（2010） 蒲丹琳和王善平（2014）
审计处理处罚力度	审计处理处罚金额，包括应上缴财政金额、应减少财政拨款或补贴金额、应归还原渠道资金、应调账处理金额	郑石桥和尹平（2010） 黄溶冰和乌天玥（2016）
	问题金额处理率，即已得到处理的问题金额占政府审计发现问题金额的比率	韦德洪等（2010） 唐雪松等（2014）
	违规金额纠正率，即已纠正违规金额占审计发现的违规金额之比	陈丽红等（2016）
	案件处理率，即已处理案件数占移送司法机关、纪检监察部门和有关部门案件总数的比率	韦德洪等（2010） 陈丽红等（2016）
审计信息披露力度	审计提出建议条数	黄溶冰和乌天玥（2016）
	向社会公告审计结果的篇数	黄溶冰和王跃堂（2010）
	审计报告信息被批示采用率，被有关领导、部门或单位批示、采用的审计工作报告、信息的数量占政府审计提交的工作报告、信息数量的比率	韦德洪等（2010） 唐雪松等（2014） 陈丽红等（2016）

三、政府审计与国家治理

政府审计与国家治理的相关研究较早出现在国外，他们将政府审计与良好治理（good governance）联系在一起进行研究。尚格路（Shunglu）在 1998 年将良好治理的理念纳入政府审计研究之中，描述了印度审计会计部（India Audit and Accounts Department）在实现良好治理中发挥的重要作用。而在 2001 年，侯塞因（Hussain）首次正式提出了良好国家治理（good national governance）的概念，并指出政府审计可以通过合规审计和绩效审计等方式推进国家良好治理。随后有大量的文献对政府审计与国家治理的关系进行研究和探讨，肯定政府审计在国家治理中的重要作用（Pyun，2006；Akyel and Aslankara，2012；Stuiveling，2014；Pakarinen，2015；Kefi，2015；等等）。而在国内，1982 年的宪法重新确认了现代政府审计模式后，开始出现将政府审计与"治理"相关联的研究。但早期的研究中多是将政府审计与国家治理的某一部分因素相关联，如经济环境、经济秩序、公共秩序、腐败治理和深化改革等（李伟，1989；陈忠银，1989；吕培俭，1990；张燕生，1991；等等）。直至 2004 年，李金华在"中国财经法律论坛"中首次发表"国家审计是国家治理的工具，在国家治理过程中发挥着不可替代的作用"的基本论断，学者们才开始将"国家治理"的理念正式确立起来并运用到后续的研究之中。就政府审计和国家治理的现有研究来看，主要分为两类，一类是通过规范式的理论分析来探讨政府审计与国家治理的相互关系；另一类是通过经验式的数据分析来研究政府审计对国家治理的促进作用。

1. 通过规范式的理论分析探讨政府审计与国家治理的相互关系

部分学者从理论上论述了政府审计在国家治理中发挥的重要作用（秦荣生，2007；杨肃昌和李敬道，2011；刘家义，2012；蔡春等，2012；李坤，2012；廖义刚和陈汉文，2012；谭劲松和宋顺林，2012；刘更新和刘晓林，2014；刘家义，2015；毛雨语，2018；董大胜，2018；等等）。秦荣生（2007）基于政府治理理论和公共受托经济责任理论论述指出，国家审计是监督和评价各级政府公共受托经济责任是否有效履行的机制，其功能的发挥

能提高国家治理效能。蔡春等（2012）基于公共受托经济责任观，深入分析了受托经济责任与国家审计以及国家治理之间的相互关系，并提出构建全新的公共受托经济责任报告体系，创新国家审计对象载体；建立健全绩效管理制度，全面推进政府绩效审计等五个方面国家审计服务国家治理的具体实现路径。刘家义（2015）基于国家审计的法律地位、制度属性和功能作为指出，国家审计是国家治理的基石，是推动国家治理现代化的重要保障。董大胜（2018）以马克思主义国家观和中国国情对国家、国家治理与国家审计的关系进行分析，指出审计监督是党和国家监督体系的重要组成部分；在国家治理中发挥着维护财政经济秩序和国家经济安全、促进提高财政资金使用效益、促进国有资产保值增值、促进中央宏观调控政策落实、促进权力规范运行等多方面的重要作用。

2. 通过经验式的数据分析研究政府审计对国家治理的促进作用

部分学者通过经验研究证实了政府审计在促进国家治理中发挥的重要作用，具体体现在经济发展（李明和聂召，2014；邢维全，2017；张安达，2018）、政府治理（韦德洪等，2010；李江涛等，2011；刘雷等，2014；蒲丹琳和王善平，2014；朱荣，2014；李明，2015；吴秋生和上官泽明，2015；黄溶冰和乌天玥，2016；张琦等，2016）、官员治理（李江涛等，2011；陈丽红等，2016；吴勋和王雨晨，2016；阚京华和郭欣慧，2017）、国有企业治理（李江涛等，2015；褚剑和方军雄，2016；邢维全，2017；褚剑等，2018；褚剑和方军雄，2018）等方面。

（1）政府审计与经济发展。李明和聂召（2014）用省级地方政府数据实证考察了国家审计促进地方经济发展的作用效果及路径，发现国家审计能够显著促进地方经济长期发展，且主要通过提升地方政府的治理效率实现。邢维全（2017）用全要素生产率衡量经济增长绩效，用省级面板数据的实证检验发现，国家审计能有效抑制官员晋升激励对经济增长绩效的负面影响。张安达（2018）研究了国家审计、金融发展与经济增长之间的关系，发现国家审计有利于长期经济发展，且两者之间存在倒"U"型关系。

（2）政府审计与政府治理。李江涛等（2011）考察了经济责任审计的运行效果，发现经济责任审计力度越强、审计人员数量越多，越能预防和惩治领导干部腐败并提高财政收支绩效。朱荣（2014）发现政府审计在促进政府透明度提升上发挥治理效应。韦德洪等（2010）研究发现，政府审计部门可以通过加大审计案件的处理力度和深化审计工作报告信息的开发利用程度来改善政府审计效能，从而提高财政资金运行的安全性。李明（2015）通过实证研究得出与韦德洪等类似的研究结论，地方审计机关通过发挥监督、建议和协同职能能够提升地方政府的治理效率。刘雷等（2014）实证研究发现，政府审计的揭示和抵御功能可以显著提高地方政府财政安全程度。黄溶冰和乌天玥（2016）从审计效力和审计效果双维视角研究了国家审计质量与财政收支违规行为的关系，发现审计效力与效果并重的双高平衡型审计策略有助于防范财政违规问题金额的过快增长。张琦等（2016）发现，审计监督能对官员的信息披露动机产生影响，从而发挥信息治理作用，提高政府财务信息披露功能。

（3）政府审计与官员治理。蒲丹琳和王善平（2014）实证检验地方政府官员晋升激励强度、经济责任审计对地方政府投融资平台债务的影响发现，经济责任审计处罚力度越大，越能降低官员晋升激励对地方政府投融资平台债务的负面影响。陈丽红等（2016）用次年各省贪污贿赂立案数衡量腐败后的实证研究发现，国家审计人员越多、问责力度越大，腐败治理效果越好，这说明国家审计介入有利于腐败治理。吴勋和王雨晨（2016）研究发现，政府审计的预防功能能够有效抑制官员腐败。

（4）政府审计与国有企业治理。学者们主要从政府审计促进国有企业经营绩效的提升（蔡利和马可哪呐，2014；李江涛等，2015；吴业奇，2017；霍同美子，2017）、创新能力的提升（褚剑等，2018；程军和刘玉玉，2018）、盈余质量的改善（陈筱玥，2014；吴业奇，2017）、内部控制水平的提升（吴业奇，2017；褚剑和方军雄，2018）、投资效率的提升（王兵等，2017；陈海红等，2015）、股价崩盘风险（褚剑和方军雄，2017）等方面进行了研究。李江涛等（2015）研究发现，国家审计能够促进国有企业绩效提升，且国家审计的反腐功能是国家审计优化国有企业经营效率的作用路径。褚剑和方军雄（2016）采用双重差分模型检验了政府审计对中央控股上市公司高管在职消费行为的影响，研究发现，政府审计能够抑制中央企业控股上市公司高管的超额在职消费行为，且在公司治理状况较好、审计署监督力度较强时更为明显。褚剑等（2018）利用中央企业审计数据研究发现，政府审计对中央企业创新具有显著影响，政府审计能显著提升中央企业创新投入和创新产出。褚剑和方军雄（2018）考察了政府审计对中央企业内部控制有效性的影响，研究发现，政府审计能够改善被审计中央企业集团所属上市公司内部控制设计和运用有效性。

第三节　政府审计促进供给侧结构性改革的相关研究

政府审计与供给侧结构性改革的相关文献主要可以分为两类，一是从理论上探讨政府审计能否以及如何促进供给侧结构性改革的研究；二是从经验研究的角度去探讨政府审计对供给侧结构性改革的促进作用。

一、政府审计促进供给侧结构性改革的理论探讨

王玉凤（2016）指出，供给侧结构性改革是目前国家政策的着力点，国家审计需要把握改革机遇，抓住供给侧结构性改革的核心，充分发挥审计在国家治理中的基石和重要保障作用，并从审计与供给侧结构性改革的关系、审计在供给侧结构性改革中发挥的作用和审计推进供给侧结构性改革的路径三个方面进行了详细论述。汪德华（2016）也指出供给侧结构性改革标志着我国宏观经济政策的重大转变，国家审计作为宏观调控的重要工具，应发挥国家治理体系基石的重要功能，注重创新发展，围绕"三去一降一补"五大重点，关注政策的执行状况。丁达明（2016）理论探讨了供给侧结构性改革中审计机关如何作为的重要话题，他指出应当重点关注各部门、各级地方政府供给侧结构性改革政策贯彻落实情况和任务完成情况，关注供给侧结构性改革政策措施的执行效果，关注供给侧结构性改革中的难点和焦点问题以及供给侧结构性改革中可能出现的风险四个方面。并提出了将供给

侧结构性改革审计与日常审计工作相结合、与审计监督相结合、与审计全覆盖相结合等多方面的政策建议。常华兵（2018）分别针对"三去一降一补"提出相应的审计策略，他指出对去产能应当实施绩效审计、去库存应当实施市场审计、去杠杆应当实施债务审计、降成本应当实施成本审计、补短板应当实施战略审计。章卫东（2016）指出，国有企业掌握着我国经济命脉，应当担负执行国家政策和履行社会责任的重任，国有企业应当成为供给侧结构性改革的主体之一。同时，他还提出政府审计可以依法对国有企业进行审计，通过审计监督功能的发挥促进国家方针政策在国有企业的落实，保证财政资金的使用效率，为供给侧结构性改革政策的执行提供有力保障。孙丽（2017）论述了审计监督在国有企业供给侧结构性改革中的作用及实现路径，她指出，审计监督能促进产业优化升级、能有效降低企业成本、促进企业创新、减少过剩产能，并提出应当通过全面开展国有企业领导干部人员经济责任审计、加强国有企业绩效审计、大力开展资源环境审计和实施重大政策措施落实跟踪审计来促进国有企业供给侧结构性改革的实现。

二、政府审计促进供给侧结构性改革的经验研究

2015年11月10日，习近平在中央财经领导小组第十一次会议上首次明确提出"着力加强供给侧结构性改革"。但实际上，在2008年金融危机之后，学界已经开始对供给侧结构性改革相关问题进行研究（贾康和苏京春，2016）。有关政府审计与供给侧结构性改革的经验研究多聚焦在政府审计与供给侧结构性改革的五大阶段性任务——"三去一降一补"之间。

在政府审计与地方政府债务上，现有研究基本得到一致结论，即政府审计在抑制地方政府债务中能发挥重要作用。蒲丹琳和王善平（2012）研究发现，国家审计监管力量越强，越能降低官员权力异化对地方政府负债的影响。蒲丹琳和王善平（2014）以2007~2011年中国地区数据进行实证研究发现，地方政府官员晋升激励强度对地方政府投融资平台债务产生的影响受到经济责任审计的约束，地方审计机关实施的经济责任审计处罚力度越大，越有可能降低官员晋升竞争对地方政府投融资平台债务的激励，从而能有效

降低地方政府投融资平台债务增长速度和债务风险。赵焱和李开颜（2016）研究发现加强债务审计问责力度可以显著降低地方政府债务。吴勋和王雨晨（2018）运用2008~2015年省级面板数据研究发现，国家审计免疫与地方政府债务不存在显著相关，但审计揭示、抵御和预防功能能弱化官员晋升激励对地方政府债务扩张的影响。余应敏等（2018）基于实证研究发现，审计监督力度越大，地方政府债务风险越小，且审计监督能弱化财政分权对地方政府债务风险的负向影响，他们的进一步研究还指出，在风险较高的地区增加审计投入力度，在风险较低地区增强审计问责力度，更有利于降低地方政府债务风险。

在政府审计与创新上，已有研究发现政府审计能够提高创新投入（程军和刘玉玉，2018；褚剑等，2018）和创新产出（褚剑等，2018）。程军和刘玉玉（2018）以经济责任审计为视角，实证研究发现，国家审计促进了地方国有企业创新，提高了地方国有企业创新投入强度，且发现缓解地方政府干预和降低国有企业代理成本是两条重要的作用路径。褚剑等（2018）基于中央企业集团审计考察了政府审计对国有企业创新的影响，研究发现，政府审计的实施能显著提高被审企业的创新投入和创新产出，进一步研究证明政府审计的监督效应、激励效应和溢出效应促进了国有企业创新。

此外，还有学者在政府审计与去产能（郑伟宏等，2018）、政府审计与企业债（王瑶瑶，2018）两个方面进行了研究。郑伟宏等（2018）实证检验了政策执行效果审计对煤炭上市公司去产能的作用效果，研究发现政府审计揭示与纠偏功能能有效帮助企业去产能，且在国有企业中效果更为明显。王瑶瑶（2018）实证研究发现，政府审计介入当期有利于抑制国有企业负债增长率，且当政府重视企业去杠杆时，政府审计的这种抑制作用更为明显。

第四节　文献评述

收集和整理政府审计与供给侧结构性改革的相关文献，了解供给侧结构性改革的研究现状，是本书研究的一个重要基础。本章从供给侧结构性改革的相关研究、政府审计功能发挥的相关研究、政府审计促进供给侧结构性改革的相关研究三个方面对已有研究进行了系统梳理。经过系统梳理发现，现有关于政府审计与供给侧结构性改革的相关文献存在以下几方面不足之处：

1. **供给侧结构性改革内在含义的剖析不够完整**

现有文献中对于供给侧结构性改革的内涵的分析多围绕习近平总书记在2015 年提出的相关概念展开。如贾康（2016）、杨蕾等（2016）、康丕菊和彭志远（2017）、谭高（2017）等从供给管理角度出发，指出供给侧结构性改革的核心内涵是解放生产力、优化资源配置、调整经济结构、优化供给、提高全要素生产率等。但尚无文献对供给侧结构性改革内在含义进行拓展分析。从横向拓展来看，供给侧结构性改革应当涉及五大阶段性任务，也即"三去一降一补"；从纵向拓展来看，政府和企业作为市场参与的两大重要主体，均应纳入供给侧结构性改革的内涵框架之中。且现有研究并未将供给侧结构性改革的阶段性任务与作用主体相结合进行系统探讨。

2. **政府审计促进供给侧结构性改革的理论分析缺乏系统性和完整性**

现有文献从政府审计的审计监督功能、"免疫系统"功能和国家治理功能等角度出发论证了政府审计对供给侧结构性改革的促进作用（王玉凤，2016；汪德华，2016；丁达明，2016；孙丽，2017；常华兵，2018；等等），但他们的研究更多的是将政府审计促进供给侧结构性改革的具体实现方式作为论述的核心内容，并未全面深入地去论述政府审计促进供给侧结构性改革的理论基础，这便导致政府审计促进供给侧结构性改革的理论分析框架缺乏系统性和完整性。理论基础是任何思想、任何观点、任何理论产生和发展的源点和基石，只有构建好系统完整的理论分析框架才能促进相关思想、观点和理论的发展和完善。在政府审计促进供给侧结构性改革的研究中，只有搭建好相关理论分析框架，才能更好地发挥政府审计的作用，进而促进供给侧结构性改革的贯彻落实。

3. **政府审计促进供给侧结构性改革的实证研究相对匮乏**

现有文献较多的用规范的研究范式对政府审计在供给侧结构性改革中的功能发挥进行探讨，用实证研究的范式对政府审计与供给侧结构性改革的关

系进行研究的文献相对匮乏，这可能是受制于政府审计和供给侧结构性改革数据的获取难度和匹配难度。仅有少量文献从"三去一降一补"的角度探讨了政府审计对供给侧结构性改革的促进作用，如政府审计与地方政府债务研究（蒲丹琳和王善平，2012，2014；赵焱和李开颜，2016；吴勋和王雨晨，2018；余应敏等，2018）、政府审计与创新（程军和刘玉玉，2018；褚剑等，2018）、政府审计与企业去产能（郑伟宏等，2018）、政府审计与企业债（王瑶瑶，2018）。整体而言，有关政府审计促进供给侧结构性改革的实证研究仍旧相对匮乏，上述研究在一定程度上能为后续研究提供一定参考。

4. 政府审计促进供给侧结构性改革的实现方式尚不完善

现有文献对政府审计促进供给侧结构性改革的作用路径进行了一定探讨，主要从政府审计方法（孙丽，2017；常华兵，2018）、政府审计职能（王玉凤，2016；章卫东，2016）和政府审计具体实践方式（丁达明，2016）等方面进行了论述。但现有研究缺乏完整性和逻辑性，多数研究仅从某一角度出发论述，如孙丽（2017）提出实施领导干部经济责任审计、国有企业绩效审计、资源环境审计和重大政策落实跟踪审计来发挥政府审计功能。在政府审计促进供给侧结构性改革的作用路径中仅强调政府审计方法具有一定片面性，且并未论述清楚几种政府审计方法间的逻辑关系，使相关研究具有一定随意性。政府审计促进供给侧结构性改革的实现方式是政府审计功能发挥的重大保障，应当结合政府审计的基本特征和供给侧结构性改革的内在含义以及政府审计促进供给侧结构性改革在实践中面临的具体问题，探讨政府审计促进供给侧结构性改革的实现方式。

政府审计促进供给侧结构性改革的理论分析框架

本章以公共受托经济责任理论为基本理论依据，以政府审计的经济控制功能为基本出发点，在明确供给侧结构性改革内在含义的基础之上，确立起政府审计促进供给侧结构性改革的理论依据、功能定位和作用路径，旨在搭建起政府审计促进供给侧结构性改革的理论分析框架。本章是政府审计促进供给侧结构性改革作用效果研究的核心理论基础部分，为后面的研究奠定了理论基础。

第一节　供给侧结构性改革的内涵

准确界定供给侧结构性改革的内涵是研究政府审计促进供给侧结构性改革作用效果的基本前提。分别从供给侧结构性改革的基本内涵、供给侧结构性改革内涵的拓展——五大任务、供给侧结构性改革内涵的拓展——两大主体三个方面来剖析供给侧结构性改革的内在含义。

一、供给侧结构性改革的基本内涵

供给侧结构性改革，强调的是从供给端出发寻求经济发展的动力，主要是通过解放生产力，提高要素生产率来提高经济增长速度和经济增长质量。供给侧结构性改革的思想最早起源于 18 世纪初，法国著名经济学家萨伊（1817）提出了"供给创造需求"的"萨伊定律"，他认为产品生产可以创造需求，进而可以拉动经济发展，同时他还强调政府应当减少对市场的干预，市场应该通过自我调节来实现平衡和发展。"供给侧"和"需求侧"在市场经济中是同时存在的，"需求侧"主要强调投资、消费和出口三大要素，而"供给侧"则更强调劳动力、土地、资本和创新四大要素。供给侧结构性改革旨在通过合理配置资源，提高要素生产率，以提高供给质量，减少无效供给，从而实现供需的合理配置，促进经济持续健康发展。自改革开放以来，我国经济增长主要是通过对需求侧进行改革和调整来得以实现的，传统拉动经济增长的"三驾马车"——投资、消费和出口一直以来占据经济发展中的主导地位。但 2008 年爆发了全球性的经济危机，在恶劣的外部环境影响下,我国经济发展也遭受重大冲击,经济发展面临较大的下行压力,经济增长速度逐年下滑,从 2007 年的 14.2% 下降至 2017 年的 6.8%。"四万亿计划"、宽松的货币政策、降准降息等措施的推行也未能扭转经济发展速度逐年下滑的趋势。主要原因在于新时期经济发展的主要矛盾已经发生变化,当前供给水平已经难以满足人民日益增长的物质文化需求,传统拉动内需的政策措施无法独立推动经济持续健康发展。所以,仅从需求侧进行改革或刺激难以达到推动经济发展的根本目的,而从供给侧进行改革,能够提高产品供给质量,解决当前经济发展中供需不匹配的主要矛盾。但与西方国家的供给侧结构性改革思想有所不同的是,我国所提倡的供给侧结构性改革的核心在于转变经济增长方式,调整经济结构,提高全要素生产力,主要着眼于推进制度、机制和技术层面的结构性改革(谭高,2017)。2015 年 11 月 10 日,习近平主持中央财经领导小组第十一次会议,首次提出"着力加强供给侧结构性改革",强调"在适度扩大总需求的同时,着力加强供给侧结构性改革,着力提高供给体系质量和效率"。2016 年 3 月发布的"十三五"规划也明确强调必须着力推进供给侧结构性改革,使供给能力满足广大人民日益增长、不断升级和个性化的物质文化和生态环境需要。2016 年 12 月 14 日至 16 日召开的中央经济工作会议指出,要以"三去一降一补"五大任务为抓手,继续深化供给侧结构性改革,引导经济朝着更高质量、更有效率、更加公平、更可持续的方向发展。随后召开的党的十九大也提出要深化供给侧结构性改革,坚持去产能、去库存、去杠杆、降成本、补短板,优化存量资源配置,扩大优质增量供给,实现供需动态平衡。显然,全面推进供给侧结构性改革已然成为新时期我国经济社会发展的重要战略性举措。

本书认为,供给侧结构性改革是通过调整经济结构和优化资源要素配置的方式提高有效供给并最终实现经济高质量发展的一种战略性改革措施。供给侧结构性改革提出的主要背景在于经济发展的主要矛盾发生变化,当前经济社会的供给水平难以满足人民日益增长的物质文化需要的基本矛盾已经取代需求不足成为经济发展的主要矛盾。供给侧结构性改革的主要措施在于调整经济结构和优化资源要素配置;主要着力点在于"三去一降一补";主要目的在于提高有效供给并最终实现经济高质量发展。供给侧结构性改革按照主要内容的不同可以拓展为去产能、去库存、去杠杆、降成本和补短板五项阶段性任务；按照作用主体的不同可以拓展为地方政府层面和中央企业层面，如图 3 - 1 所示。

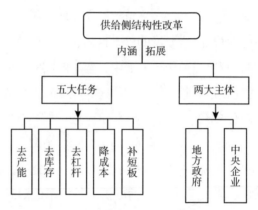

图 3 - 1　供给侧结构性改革内涵的拓展

二、供给侧结构性改革内涵的拓展——五大任务

供给侧结构性改革是我国宏观经济发展的长远目的，供给侧结构性改革的贯彻落实难以在短时期完成。在推行供给侧结构性改革的过程中势必会因社会经济发展变化而经历不同的发展阶段，由于不同阶段经济社会发展所面临的具体问题和具体矛盾有所不同，在完成阶段性供给侧结构性改革的过程中便会有不同的侧重点。而当前经济发展所面临的具体问题则是产能过剩、房地产库存过高、地方政府和企业债台高筑、企业负担过重以及创新能力较弱等，这些具体问题的存在严重制约了当前经济的高质量发展。因此，现阶段供给侧结构性改革的主要任务在于去掉过剩产能、降低房地产库存量、去除地方政府以及企业多余债务、为企业减负以及提高创新能力，也即目前所提倡的五大阶段性任务"三去一降一补"。五大阶段性任务是基于当前经济社会存在的具体问题而提出的，是现阶段供给侧结构性改革的内在着力点，也是供给侧结构性改革内涵拓展的结果，如图 3 - 2 所示。

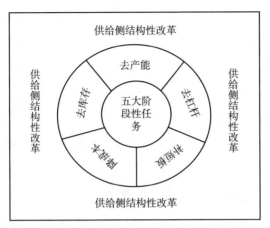

图 3 - 2　供给侧结构性改革与"三去一降一补"的关系

1. **去产能**

1992 年党的十四大提出了社会主义市场经济体制的概念，结束了产品供给短缺的计划经济时代，中国的市场逐步由卖方转向买方。但随着社会主义市场经济体制的建立和逐步完善，生产能力逐步超过有效需求，中国经济开始出现产能过剩的现象。进入 21 世纪以来，长期的重复和低效投资使产能过剩问题尤为严重。2008 年，全球性经济危机爆发，中国实体经济受到巨大冲击，钢铁、煤炭等传统行业更是遭受重创。为了拉动经济增长，缓解经济危机带来的破坏，中央政府推出了"四万亿计划"、宽松的货币政策等一系列刺激需求的政策，带动了这些传统行业的过度投资，使产能过剩问题更加严重。供给侧结构性改革将去产能作为现阶段五大任务之一，旨在淘汰落后产能，促进产业优化重组，实现资源优化配置。

2. **去库存**

近年来，房地产市场发展迅猛，商品房价格不断攀升，2008 年的经济危机虽使房价上升的趋势得到一定缓解，但从 2010 年开始房地产市场又再度活跃起来。房地产市场的持续火热吸引了大量投资，房地产开发投资额从 2008 年的 31203.19 亿元上升至 2018 年的 120264 亿元，随着投资的不断增加，商品住宅房施工面积迅速增加，从 2008 年的 222891.8 万平方米增加至

2016 年的 521310.22 万平方米。① 然而，随着政府陆续出台的各类房地产调控政策，商品房销售的增长速度有所放缓，销售并未随着开发投资额和施工面积的增加而同步增加，甚至在个别年份出现销售回落现象，全国各地呈现出大量房地产库存逐年上升的局面。如何消化房地产市场的巨大库存，已然成为我国经济发展所要面临的重要问题之一，供给侧结构性改革中强调要大力推进商品房去库存，从而促进房地产行业的持续健康发展。

3. 去杠杆

"杠杆"一词最初起源于几何学，是指在某个固定支点上通过利用直杆（或曲杆）来撬动另一重物的现象（王国刚，2017）。阿基米德在《论平面图形的平衡》一书中最早提出了杠杆原理，他指出在力的作用下绕固定点转动的硬棒叫杠杆。关于杠杆的工作原理，在中国历史上也曾有记载，战国时期的墨家曾在《墨经》中记载了关于天平平衡的基本原理："衡木：加重于其一旁，必捶——重相若也。"简而言之，就是天平的一侧加重时，另一侧也要加重，且两侧加重的重量必须相等，只有这样天平才能形成平衡。随着经济社会的发展，"杠杆"一词逐渐运用于各领域。在经济学领域中，"杠杆"一般是指某一经济主体在某个时点以某一经济指标所承担的负债总额（王国刚，2017）。2008 年经济危机后我国推出了大规模的经济刺激政策，中国由此进入了以高负债为特点的加杠杆周期。我国各部门的杠杆率自此开始大幅度提升，全社会总杠杆率（部门总计债务占 GDP 比重）从 2008 年的 170% 增长至 2015 年的 249%，其中政府部门杠杆率（政府部门债务占GDP 比重）和企业部门杠杆率（非金融企业部门）显著高于居民部门杠杆率和金融机构部门杠杆率，政府部门杠杆率从 2008 年的 28.06% 增长至2018 年的 36.95%，企业部门杠杆率从 2008 年的 95.2% 上升至 2018 年的153.55%。② 2015 年推出的供给侧结构性改革将去杠杆作为重要的内容之一，2016 年 10 月 10 日，国务院发布《国务院关于积极稳妥降低企业杠杆

---

① 资料来源于国家统计局官方网站。
② 资料来源：Wind 数据库。

率的意见》，2016 年的中央经济工作会议则将企业降杠杆作为去杠杆的重中之重。

4. 降成本

降成本具有一定的政治经济学含义，是供给侧结构性改革重大战略部署的一个重要环节。近年来，我国企业生存成本上涨过快，给它们带来较大压力，严重削弱了我国实体企业的国际竞争力。自 2015 年 11 月正式提出供给侧结构性改革以来，各级政府加大了改革力度。2016 年 8 月，国务院关于降成本问题专门印发了《降低实体经济企业成本工作方案》，从合理降低企业税费成本、有效降低企业融资成本、着力降低制度性交易成本等十个方面提出了指导性的意见。从中国目前成本上涨情况来看，主要应当聚焦于制度性交易成本、人工成本、税费负担、融资成本、能源成本以及物流成本这六大方面。

5. 补短板

短板也就是薄弱环节，是制约企业发展的关键因素。在 2015 年底提出的供给侧结构性改革中，补短板可以理解为"加法"，通过扩大要素供给、发展新兴产业，提高经济增长质量和效益。而在补短板方面，各地、各行业以及各个企业的短板都存在一定差异，因此应当具体问题具体分析，针对各个企业"对症下药"地提出解决方案，特别强调因地制宜、因企制宜、因行业制宜。2015 年 10 月，习近平在党的十八届五中全会第二次全体会议上指出："我国创新能力不强，科技发展水平总体不高，科技对经济社会发展的支撑能力不足，科技对经济增长的贡献率远远低于发达国家水平……我们必须把创新作为引领发展的第一动力……把创新摆在国家发展全局的核心位置……"。[1] 可见，创新能力不足是制约我国企业和社会经济发展的一大因素，提高创新能力也是增强国际竞争力的重要手段，在供给侧结构性改革提出的补短板中，提升创新能力应当作为重要的着力点之一。

---

[1]　在党的十八届五中全会第二次全体会议上的讲话（节选）［EB/OL］．（2016 - 01 - 01）．http://cpc. people. com. cn/n1/2016/0101/c64094 - 28002398. html.

三、供给侧结构性改革内涵的拓展——两大主体

党的十一届三中全会以来，我国的改革和发展取得巨大成就。其中，市场和政府在改革和建设中均发挥了重要作用。党的十一届三中全会曾提出"使市场在资源配置中起决定性作用和更好发挥政府作用"这一重要指示。这表明，在新时期的社会主义经济发展过程中，市场和政府两者缺一不可，共同推进了经济社会的不断发展。企业作为市场经济的参与主体，重视其在市场经济中的主体地位是市场在资源配置中发挥主导作用的基础，而政府在作为作用市场经济主体发挥作用时应当承担重要角色（李毅，2014）。可见，政府和企业作为市场经济的参与者在我国经济发展中占据重要地位。供给侧结构性改革作为当前经济发展的重要战略性举措，也势必囊括了政府和企业两个参与主体。基于此，本书选取地方政府和中央企业为代表，将供给侧结构性改革划分为两个作用层面，一是基于地方政府层面的供给侧结构性改革；二是基于中央企业层面的供给侧结构性改革。两个作用层面在推进供给侧结构性改革贯彻落实过程中缺一不可，相互依赖、相互配合。

在前面第二大点中已经说明，供给侧结构性改革现阶段的重点任务和内在着力点是"三去一降一补"。因此，本书将供给侧结构性改革的五大任务和两大主体结合起来进行探讨，以更好地考察供给侧结构性改革在不同主体层面的实施效果。阶段性任务和作用层面的结合也意味着本书所界定的供给侧结构性改革将最终落脚到基于地方政府层面的"三去一降一补"和中央企业层面的"三去一降一补"，也即将考察供给侧结构性改革的实施效果转变为考察地方政府层面"三去一降一补"和中央企业层面"三去一降一补"的实施效果。对于不同的作用层面，"三去一降一补"有不同的含义和内容（见图3-3）。（1）地方政府层面的"三去一降一补"主要是以各省份"三去一降一补"的实施效果作为考察对象。具体来看，地方政府层面的去产能主要在于考察各省份过剩产能变动情况；去库存主要在于考察各省份商品房存量变动情况；去杠杆主要在于考察地方政府债务情况；降成本主要在于考察各省份企业综合成本情况；补短板则在于考察各省份创新能力提升情

况。（2）中央企业层面的"三去一降一补"是将中央企业"三去一降一补"的实施效果作为考察对象。具体来看，中央企业层面的去产能主要在于考察产能过剩行业产能利用率的变动情况；去库存主要考察房地产中央企业的库存变动情况；去杠杆主要考察中央企业负债变动情况；降成本主要考察中央企业综合成本变动情况；补短板则主要考察中央企业创新能力的提升情况。

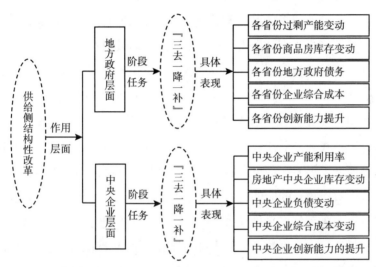

图3-3　供给侧结构性改革在地方政府层面和中央企业层面的表现形式

第二节　政府审计促进供给侧结构性改革的基本理论依据

一、理论层面：基于公共受托经济责任的理论依据

受托经济责任关系起源于英文的"accountability relationship"，即委托人和受托人之间权利义务的关系，当财产的所有权和经营权进行分离时，在拥有财产所有权的委托人和财产经营管理权的受托人之间就会形成受托经济责任关系。受托经济责任和审计相互依存，缺一不可，没有受托经济责任就没有审计；没有审计，受托经济责任也无法很好地履行（秦荣生，2004）。众

多学者将受托经济责任关系作为审计产生的基本前提或首要前提（蔡春，2000）。著名学者杨时展教授认为，审计因"受审责任"产生并因受审责任的发展而发展（杨时展，1986），这里的受审责任便是本书所探讨的受托经济责任。阎金锷（1999，2000）也曾指出，审计产生和发展于两权分离下的受托经济责任关系。可见，根据受托经济责任观这一审计学说，审计产生于受托经济责任关系的确立，其首要和根本目标就是保障和促进受托经济责任的全面有效履行。社会经济的不断发展使受托经济责任的内涵不断拓展，审计的作用和功能便将随着受托经济责任内涵的拓展而不断拓展，受托经济责任内涵的拓展成为审计作用和功能不断扩展的最根本依据。

公共受托经济责任关系（public accountability relationship）是受托经济责任在公共财产领域的拓展和表现。在我国，各级政府按照人民的意志对公共财产行使管理经营权，对人民负有公共受托经济责任（秦荣生，2004），现代政府审计在公共受托经济责任产生的基础之上产生，并随公共受托经济责任的发展而发展。在历史发展进程中，公共受托经济责任的内容和范围在不断扩大，政府审计的职能也随之不断发生变化。当经济发展的主要矛盾发生变化时；当危害经济平稳健康发展的因素不断出现时，解决经济发展的主要矛盾，扫清经济发展的主要障碍进而促进经济持续健康发展就理应成为公共受托经济责任的一项重要内容。供给侧结构性改革作为解决当前经济发展中供需不匹配问题的重要举措，是保障我国经济平稳健康发展的重大宏观调控政策，公共受托经济责任的内涵就理应涵盖促进供给侧结构性改革顺利实施的相关内容。依据受托经济责任与审计之间存在的相互依存关系，审计的作用和功能必须随着受托经济责任内涵的变化而变化，那么，政府审计的作用和功能也应当随着公共受托经济责任内涵的拓展而不断拓展。当供给侧结构性改革成为公共受托经济责任的重要内容时，政府审计理应发挥其监督控制功能以促进供给侧结构性改革的顺利实施。所以，政府审计能够有效促进供给侧结构性改革是公共受托经济责任内涵不断拓展的必然要求，如图3-4所示。

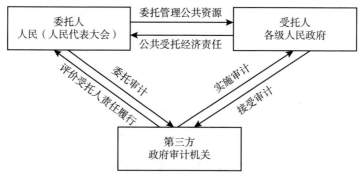

图 3-4 公共受托经济责任关系

二、功能层面：基于审计本质功能的理论依据

人们对审计本质的认识，经历了一个较长时期的发展和积累，根据其深刻程度，大约可划分为三大阶段，即从"查账论"到"方法过程论"再到"经济监督论"（蔡春，2001）。"查账论"认为审计的本质就是"查账"，也就是会计检查，主要任务在于对会计信息或财务报告的相关资料进行相应的检查。无论社会审计、内部审计还是政府审计，在其发展之初都曾被认定为是"查账"。而"方法过程论"认为审计本质上是一种系统的方法或过程（AAA，1973），"经济监督论"则认为审计在本质上是一种特殊的经济监督（中国审计学会，1989）。随着经济社会的不断发展和进步，"审计监督论"愈发难以与时俱进，随之出现的就是"审计控制论"。持该种观点的学者们认为审计本质上是一种特殊的经济控制机制，审计本身应是作为控制手段产生的，其主要目的在于确保全面有效地履行受托经济责任（蔡春，2001）。审计作为一个系统的控制过程，审计人员客观收集、整理和评价有关经济活动的证据，以准确判断该经济活动是否与既定标准相符合，最终将判断结果呈送给作为委托方的利益相关者，据此对被审计方产生影响。此时，审计人员是控制的主体，被审单位有关经济活动的相关信息则是控制的客体，收集、整理和评价相关证据便是控制的手段。

审计作为特殊的经济控制机制，其控制功能可以划分为直接控制功能和间接控制功能。直接控制功能体现在审计机关可以根据《中华人民共和国宪法》《中华人民共和国审计法》《中华人民共和国国家审计准则》等赋予的法定权力对被审计单位进行直接纠偏。间接控制功能体现在审计机关可以将审计过程中发现的违法违规问题以审计报告的形式反馈给委托方，从而通过委托方实现间接纠偏。政府审计产生于公共受托经济责任，并随公共受托经济责任的发展而发展，当供给侧结构性改革成为公共受托经济责任的一项重要内容之时，对供给侧结构性改革的监督控制理应成为政府审计的一项重要受托责任。在供给侧结构性改革相关的政府审计活动中，供给侧结构性改革的相关活动作为控制客体存在，政府审计人员作为审计主体存在，政府审计作为独立第三方对供给侧结构性改革的实施过程进行系统控制，以合理判断供给侧结构性改革的实施过程是否合理得当，并将控制结果呈报给委托方完成政府审计的控制过程。政府审计在对供给侧结构性改革实施控制的过程中同样有两条控制路径：一是直接控制功能的发挥，政府审计通过审计对供给侧结构性改革过程中产生的不当行为直接进行处理处罚以达到直接纠偏作用；二是间接控制功能的发挥，政府审计将供给侧结构性改革审计过程中发现的系列问题以审计报告的形式呈报给委托方，进而促使委托方利用政府审计反馈的相关信息，对政策执行措施进行调整实现间接纠偏作用。可见，政府审计能够促进供给侧结构性改革的贯彻落实，是政府审计本质功能的体现。

三、法规层面：基于法律法规的理论依据

《中华人民共和国宪法》（2004 年修正）第九十一条规定，"国务院设立审计机关，对国务院各部门和地方各级政府的财政收支，对国家的财政金融机构和企业事业组织的财务收支，进行审计监督"。从国家最高法律的角度将政府审计确定为国家监督控制系统的重要机制之一，并从法律上赋予政府审计审计监督权。《中华人民共和国审计法》（2006 年修正）总则的第一条指出："为了加强国家的审计监督，维护国家财政经济秩序，提高财政资金使用效益，促进廉政建设，保障国民经济和社会健康发展，根据宪法，制定本法"，该条规定将保障国民经济和社会健康发展作为制定《中华人民共

和国审计法》的目的之一。而国民经济和社会的健康发展作为经济发展的基础环境，会显著受到全国乃至全球经济发展形势以及各类宏观调控政策的影响。2008 年全球性的经济危机使我国经济遭受巨大冲击，经济发展速度逐年下降，传统拉动经济增长的消费、投资和出口政策的实施已后续乏力，难以推动我国经济持续发展。面对"内忧外患"的紧迫局势，对我国经济发展进行结构性调整势在必行。此时，供给侧结构性改革应运而生，成为解决当前经济发展的主要矛盾，扭转当前经济发展趋势的重要举措之一。可见，供给侧结构性改革是保障国民经济和社会健康发展的重大宏观调控政策之一，而《中华人民共和国审计法》制定的目的之一在于保障国民经济和社会健康发展，因此，有效促进供给侧结构性改革也成为政府审计的法定职责。《中华人民共和国国家审计准则》（2010 年修订）总则中的第六条明确规定："审计机关的主要工作目标是通过监督被审计单位财政收支、财务收支以及有关经济活动的真实性、合法性、效益性，维护国家经济安全，推进民主法治，促进廉政建设，保障国家经济和社会健康发展"。供给侧结构性改革是国家宏观经济政策的重大措施，是保障国家经济和社会健康发展的关键举措，是维护国家经济安全的重要手段，那么促进供给侧结构性改革，维护经济安全理应是政府审计工作的重要内容。2016 年发布的《"十三五"国家审计工作发展规划》明确指出，审计工作的目标要围绕提高发展质量和效益这个中心，贯穿供给侧结构性改革这条主线，对公共资金、国有资产、国有资源和领导干部履行经济责任情况实行审计全覆盖，充分发挥审计在保障国家重大决策部署贯彻落实、维护国家经济安全、推动深化改革等方面的作用。同时也指出，审计工作的主要任务之一是围绕国家重大政策措施和宏观调控部署的贯彻落实，始终关注重大项目落地、重点资金保障、重大政策落实等情况，促进去产能、去库存、去杠杆、降成本、补短板，促进经济结构转型升级，推动协调发展。可见，促进供给侧结构性改革已然成为政府审计工作的重中之重。

四、现实层面：基于国家治理现代化的理论依据

在 2001 年，侯塞因（Hussain）首次正式提出了良好国家治理（good

national governance）的概念，并指出政府审计可以通过合规审计和绩效审计等方式推进国家良好治理。随后有大量的文献通过研究肯定了政府审计在国家治理中的重要作用（Pyun，2006；Akyel and Aslankara，2012；Stuiveling，2014；Pakarinen，2015；Kefi，2015；等等）。在国内，1982 年的宪法重新确认现代政府审计模式后，开始出现将政府审计与"治理"相关联的研究。2004 年，李金华在"中国财经法律论坛"中首次发表"国家审计是国家治理的工具，要在国家治理过程中发挥着不可替代的作用"的基本论断，充分肯定了政府审计在国家治理中的重要地位。

2008 年经济危机爆发后，经济增长速度放缓，经济社会主要矛盾开始发生转变，供需不匹配逐步成为制约我国经济社会发展的主要矛盾。在此背景下，党中央结合经济发展现状创造性地提出了供给侧结构性改革的重要战略思想，为我国经济发展指明方向。国家治理所涵盖的内容极为丰富，包含了政治、经济、文化和社会的方方面面，供给侧结构性改革作为当前经济发展中最为重要的战略措施，理应被囊括在国家治理的框架之中，成为实现国家治理现代化的必经途径。可见，积极有效地推进供给侧结构性改革是国家治理现代化的重要任务。政府审计作为国家政治制度的重要组成部分，在国家治理中发挥着重要的基石作用，是推动国家治理现代化的重要保障（刘家义，2015），政府审计在国家治理中发挥着维护财政经济秩序和国家经济安全、促进提高财政资金使用效益、促进国有资本保值增值、促进中央宏观调控政策落实、促进权力规范运行等多方面的重要作用（董大胜，2018）。具体来看，政府审计可以通过执行制度合理性审计对供给侧结构性改革相匹配的基本经济制度的合理性进行评估，以确保基本经济制度能够较好地符合供给侧结构性改革的客观需求；政府审计可以通过领导干部经济责任审计对执行供给侧结构性改革的主体（如政府和国有企业领导干部）进行监控，以防止经济权力滥用，从而保障经济政策的顺利实施；政府审计还可以通过政策执行效果审计对供给侧结构性改革在各层面的执行效果进行直接审计，更为直接地对供给侧结构性改革进行实时监控，以确保政策平稳落地。可见，当供给侧结构性改革成为国家治理现代化的重要内容时，政府审计作为

实现国家治理现代化的重要保障机制，理应发挥治理功能以促进供给侧结构性改革的顺利实施。

第三节 政府审计促进供给侧结构性改革的功能定位

一、政府审计的基本制度安排

审计机关按照行政级别可以划分为中央政府审计机关和地方政府审计机关，地方政府审计机关又可以划分为省级、市级和县级政府审计机关。具体来看，审计署作为最高审计机关，受国务院直接领导，设置了政策研究室、固定资产审计司、企业审计司和经济责任审计司等 21 个内设机构；工业审计局、国资监管审计局和经济执法审计局等 20 个派出审计局；京津冀特派办、成都特派办和重庆特派办等 18 个驻地方特派员办事处。地方政府审计机关主要包括各省级地方审计机关设置的审计厅、各市级和县级审计机关设置的审计局。中央审计机关主要负责中央政府和中央企业审计，地方审计机关主要负责地方政府和地方国有企业审计，如图 3 - 5 所示。

《中华人民共和国宪法》（2018 年修正）第九十一条规定："审计机关在国务院总理领导下，依照法律规定独立行使审计监督权，不受其他行政机关、社会团体和个人的干涉"，该规定从国家最高法律的角度赋予政府审计审计监督权，保障了政府审计的权威性和独立性。但现行体制下，我国地方审计机关会同时受到本级地方政府和上机审计机关的双重领导，地方审计机关的独立性受到一定影响。2018 年 3 月，中共中央根据《深化党和国家机构改革方案》组建了中央审计委员会，作为党中央决策议事协调机构，加强党中央对审计工作的领导。中央审计委员会主任由中共中央委员会总书记习近平出任，副主任由国务院总理李克强和中共中央政治局常委、中央纪检委员会书记赵乐际出任。中央审计委员会负责统筹全国的审计工作，极大地提高了政府审计的权威性和独立性层次。中央审计委员会的组建在一定程度上极大地保障了政府审计的独立性。

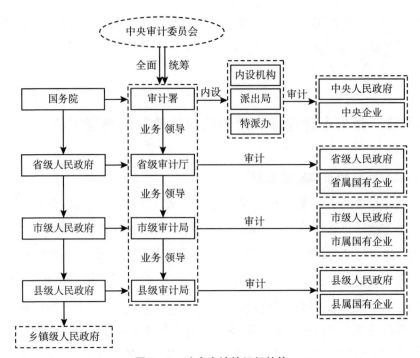

图 3 – 5　政府审计的组织结构

二、政府审计促进供给侧结构性改革的功能定位

政府审计产生并发展于公共受托经济责任（蔡春，2001），公共受托经济责任内涵与外延的不断丰富和拓展是政府审计功能拓展的内在动因（蔡春等，2013）。政府审计本质上是一种促进和保障公共受托经济责任全面有效履行的特殊的经济控制机制（蔡春，2001）。政府审计的本质功能是经济控制，但政府审计功能的体现形式多样化，且会随社会经济发展而不断变化。在政府审计促进供给侧结构性改革的作用领域中，政府审计在经济控制的本质功能下，可以具体划分为两个层次：一是基本层次的监测功能；二是衍生层次的预防、预警、纠偏和修复功能。在基本层次，政府审计通过发挥监测功能作用于供给侧结构性改革；在衍生层次，政府审计通过发挥预防、预警、纠偏及修复功能来作用于供给侧结构性改革。其中，基本层次的功能是衍生层次的功能发挥作用所依赖的基础，如图 3 – 6 所示。

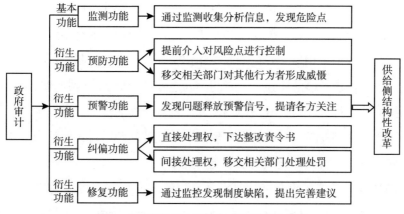

图 3 - 6　政府审计的基本功能和衍生功能

1. 政府审计的基本功能

对反映供给侧结构性改革政策实施运行的各项财政财务收支情况进行监测是政府审计促进供给侧结构性改革的最基础性工作。通过调查和审计等基本方式搜集供给侧结构性改革的相关信息，并进行整理分析，发现可能损害和威胁供给侧结构性改革平稳落地的危险点，进而帮助各实施部门觉察供给侧结构性改革实施过程中的重大风险点，达到监测供给侧结构性改革的基本任务，这也是在促进供给侧结构性改革中整个政府审计工作开展的先导性活动。

2. 政府审计的衍生功能

（1）预防功能。在供给侧结构性改革推进过程中，政府审计的预防功能主要体现在两个方面：一是政府审计可以通过提前介入的方式对在监测功能发挥过程中察觉的风险点进行控制，以预防风险点的进一步扩大；二是政府审计通过将审计过程中发现的线索移交纪检监督机关或通过上级部门进行追责，可以在心理上对其他行为人的违法、违纪、违规活动形成一定的震慑作用，从而起到预防作用，提前为供给侧结构性改革的有效推进扫清障碍。

（2）预警功能。政府审计在对供给侧结构性改革政策实施情况进行审计的工作过程中，可以对审计搜集到的供给侧结构性改革政策执行的基本信息进行综合分析，发现威胁供给侧结构性改革顺利实施的潜在因素，及时进行相应的处理处罚并发出预警信号进行预警，提示其他相关部门对相同或相似的潜在因素进行适当监控，以避免威胁供给侧结构性改革的不利因素在更广的范围内扩展开来。预警功能和预防功能在一定程度上有相似性，但二者也存在明显区别。相似之处在于预防和预警都重在事前控制，基于可能发生问题的风险点进行事前监控；二者的不同之处在于预防功能强调的是政府审计的提前介入行为和内在威慑作用，并无直接的提前告知行为发生，而预警功能则更为强调的是政府审计在发现问题并处理问题后对其他行为主体的提前告知行为。预警功能比预防功能更为直接。

（3）纠偏功能。政府审计对审计发现的结果拥有直接控制权和间接控制权，也可称为直接处理权和间接处理权。一方面，政府审计机关可以在法定权限范围内，对审计发现的违法违纪等问题进行直接处理，下达审计整改通知书，责令被审计单位进行定期整改；另一方面，针对不在政府审计机关法定权限范围内的违法违纪问题，可以将审计发现问题移交纪检、监察等相关监管部门进行问责，从而对违法违规违纪行为进行间接处理。因此，政府审计机关可以通过对被审计单位政策执行行为活动进行直接或间接的纠偏作用，从而促进供给侧结构性改革的顺利实施。

（4）修复功能。政府审计的修复功能主要作用于制度体制等宏观制度层面，也是政府审计事后控制功能的体现。政府审计机关依法通过对被审计单位的相关活动进行检查，可以发现有关制度、体制和政策制定中的缺陷和薄弱环节，并提出完善建议，从而具有修复国家相关制度、政策缺陷的功能，为供给侧结构性改革创造良好制度环境。

三、政府审计功能发挥的现状分析

1. 从政府审计工作报告解读政府审计功能的发挥

政府审计工作报告是政府审计机关每年审计工作成果的汇总展现。表3－1列示了2008～2017年政府审计工作报告①中有关供给侧结构性改革的相关

---

① 即2008～2017年各年度中央预算执行和其他财政收支的审计工作报告——审计署审计长在全国人民代表大会常务委员会上的报告。

审计成果，主要包含三个方面内容，一是审计主要内容；二是审计发现主要问题；三是审计查出问题整改情况，通过这三个方面内容详细展示政府审计工作报告中有关供给侧结构性改革的相关审计情况。

表 3 - 1　　　　　政府审计工作报告中供给侧结构性改革审计情况

年度	审计主要内容	审计发现主要问题	审计查出问题整改情况
2008	①国税部门税收征管审计调查情况 ②中央部门预算执行审计情况 ③重大投资项目审计情况 ④金融机构审计情况 ⑤企业审计情况	①违规向 169 户企业提前征税或多征税款 23.4 亿元 ②违规收费 6.22 亿元 ③17 个省份新增 35% 未批准发电装机容量 ④6 家银行违规发放贷款 321.9 亿元 ⑤以"市场换技术"压缩自主品牌的市场空间	①相关部门召开会议部署整改工作，对责任人追责 ②相关单位已按照审计长签署的意见予以纠正 ③查处和纠正重复建设、扩大过剩生产能力等问题 ④收回违规发放贷款 273 亿元，处理了 489 人，清理相关规章制度 ⑤有关企业积极整改
2009	①中央部门预算执行审计情况 ②对地方财政和地方性债务管理的审计情况 ③金融机构审计情况	①18 个单位违规收费或摊派费用等 2.44 亿元 ②地方政府性债务总体规模大；各级融资平台公司债务余额大；部分地方政府偿债压力较大，存在债务风险 ③违规发放贷款；贷款结构不合理，贷款投向违反规定	①中央部门已纠正自查和整改审计中发现的问题，制定 91 条落实审计建议的具体措施 ②有关部门和地方制定整改措施，研究完善政府性债务管理办法 ③收回违规贷款 7.03 亿元，处理责任人员 463 人；制定调整和优化信贷结构的措施
2010	①中央财政管理审计情况 ②国税征管审计情况 ③地方政府性债务审计情况 ④资源环境审计情况 ⑤金融机构审计情况	①国债发行管理不够严格 ②103 个国税局违规征税 33.57 亿元 ③地方政府变相举债、违规担保；偿债能力弱，存在风险隐患；融资平台数量多，管理不规范 ④"两高一剩"行业扩张；183 户企业存在应淘汰未淘汰落后产能等问题 ⑤违规发放贷款 580 亿元	①相关部门逐项制定整改措施 ②税务相关部门正纠正违规问题，并完善相关制度 ③逐项制定整改措施，研究完善地方政府债务管理制度 ④相关地方收回资金 8.15 亿元，出台 59 项制度，处理 138 名责任人员 ⑤相关金融机构已纠正违规金额 185 亿元，处理 348 名责任人，出台规章制度 170 多项

续表

年度	审计主要内容	审计发现主要问题	审计查出问题整改情况
2011	①中央部门预算执行和决算草案审计情况 ②金融审计情况 ③企业审计情况	①15个部门自行设立项目违规收费2.07亿元 ②违规发放贷款、客户挪用贷款等问题金额300亿元，其中132.77亿元被挪用于商业地产 ③宝钢、武钢和鞍钢集团违规新建和未按规定淘汰产能	①相关部门和单位采取了106项整改措施 ②相关金融机构已整改违规问题金额256.97亿元，完善规章制度188项，处理责任人员190名 ③相关企业建立健全制度233项，处理了87人
2012	①财政管理审计情况 ②地方政府性债务审计情况 ③国有金融机构审计情况 ④国有企业审计情况	①地方财政管理不规范，违规出借资金达488.3亿元 ②通过信托、建设—移交和违规集资等方式变相融资现象突出；部分地区债务增长较快，过度依赖土地收入和借新还旧；融资平台清理不到位 ③违规发放贷款 ④投资管理不规范，违规投资	①相关方面正在研究完善制度，收回资金 ②有关地方正在研究完善债务管理制度，已归还违规资金4.74亿元 ③相关监管部门和银行完善制度100多项，已收回违规发放贷款220.3亿元，处理693人次 ④健全规章制度684项，处理71名责任人
2013	①中央部门预算执行和决算草案审计情况 ②政府性债务审计情况 ③国有金融机构审计情况	①违规收费 ②政府性债务管理制度尚不健全；债务借新还旧数额较大；地方债务举措和使用不规范 ③有3746.88亿元贷款投向国家限制的地方政府融资平台及房地产企业	①相关部门已采取130项措施进行整改 ②对审计指出的问题，相关部门和地方正在整改 ③相关监管部门和金融机构制定完善制度及工作流程211项，整改违规金额200.89亿元，处理844人次
2014	①中央财政管理审计情况 ②政策措施贯彻落实跟踪审计情况 ③金融审计情况	①国债发行与库款管理衔接不够；主权外债项目审批管理不够严格；个别地方政府性债务偿债压力较大 ②简政放权力度不够，12项行政审批事项未取消；15省份自行设置的133项执业资格许可认定事项未取消；各部门违规收费14.48亿元；进出口通关服务便利措施未到位，违规进行服务性收费 ③3家机构违规放贷168亿元	①财政部制定2015年国债发行计划时，综合考虑各方因素，优化国债发行节奏；建立国际贷赠款管理制度；下达3批置换债券额度，要求将债务纳入预算管理 ②按规定取消8个行政审批事项；取消15个省份自行设置的119项职业资格许可和认定；取消违规收费项目；海关总署取消5项服务收费 ③3家金融机构逐户进行清理处置，处理260人，完善制度53项

续表

年度	审计主要内容	审计发现主要问题	审计查出问题整改情况
2015	①中央预算草案和预算执行审计情况 ②重点专项审计情况 ③政策措施落实跟踪审计情况 ④金融机构审计情况	①多部门违规收费 ②部分地方发债融资未有效使用；违规或变相举债 ③有的事项重复审批，审批周期长 ④违规放贷，且部分投向国家淘汰落后和过剩产能名单企业	①取消违规收费项目，清退1034.04万元，完善制度9项 ②强化债务管理研究，积极整改 ③清理规范审批中介事项81项 ④有关金融机构已整改207.53亿元，修订完善制度103项，追责问责219人
2016	①中央财政管理及决算草案审计情况 ②中央部门预算执行审计情况 ③国家重大政策措施落实跟踪审计情况 ④金融审计情况	①营改增相关配套措施不完善 ②5个部门和26家单位违规收费2.31亿元 ③涉企收费管理机制不健全；个别地方和企业未严格落实淘汰化解产能，3户中央企业未淘汰落后产能，3省份未按要求关闭或违规批复67处煤矿，涉及产能1259万吨；违规为在建项目办理备案手续，涉及炼铁产能133万吨；部分地方政府债务增长较快，有的还违规举债 ④违规发放贷款	①确定4个新增行业税率，起草试点方案；发布8个补充文件；下发53个文件，解决74个营改增问题 ②3个部门和24个单位已停止或取消违规收费项目 ③退还收费1353.74万元，废止涉企收费文件2项，处理处分8人次；淘汰、停止租用落后产能，制定淘汰落后产能计划分批清理；清理违规新增产能的25家煤矿，关闭封井42家煤矿；成立政府性债务管理小组；整改违规举债253.5亿元 ④8家重点商业银行按照监管部门统一部署进行自查，通过回收等方式收回贷款45.87亿元
2017	①中央决算草案和预算管理审计情况 ②中央部门预算执行审计 ③三大攻坚战相关审计情况 ④重大政策措施落实跟踪审计情况 ⑤金融和企业审计情况	①税收优惠政策后续管理不到位，部分企业未能及时享受 ②多部门违规收费 ③违规举债、违规担保、债务资金闲置等 ④制造业增值税抵扣链条需完善，部分企业无法抵扣；部分单位违规收费或转嫁审批前置费用；创新创业相关制度不够完善；淘汰落后产能不到位，吉林省1处30万吨/年煤矿未按规定退出，云南省违规新增水泥产能450万吨 ⑤违规向"两高一剩"行业提供融资	①税务局制发并发布配套政策促进优惠政策落实 ②3家单位上缴或退回违规收费72.79万元，5部门和72单位取消违规开展的收费活动 ③进行财政资金偿还、项目市场化运作、加快项目建设等；收回违规贷款219.83亿元 ④税务总局选择行业进行试点，扩大政策覆盖面；清理20项行政审批，取消违规收费项目，清退或上缴违规收费；科技部等5部门落实相关文件精神并作出相应战略部署；关闭吉林省30万吨/年煤矿，云南省停产315万吨产能，置换135万吨产能 ⑤收回违规贷款1488.66亿元

从表 3 - 1 中可以看出，有关供给侧结构性改革的具体审计内容主要包括了国税部门税收征管审计调查、中央部门预算执行审计、重大投资项目审计、金融机构审计、企业审计、地方性债务审计、资源环境审计、财政管理审计、政策措施贯彻落实跟踪审计以及三大攻坚战相关审计等。可见，有关供给侧结构性改革的政府审计并非局限于某一方面，而是分散渗透在各方面的审计之中。其中，在 2015 年供给侧结构性改革概念正式确立后，有关供给侧结构性改革和"三去一降一补"内容的审计显著增多。

从审计发现主要问题来看，也涉及了供给侧结构性改革和"三去一降一补"的多个方面。在去产能方面，发现存在违规新增产能、未及时清理落后产能、违规扩张"两高一剩"行业产能等问题；在去库存方面，发现存在违规向房地产行业投放贷款或挪用贷款的问题；在去杠杆方面，发现存在地方债务规模庞大、各级融资平台清理不到位、国债发行管理不严、地方政府变相举债、地方政府借新还旧、部分政府违规担保、债务资金闲置等问题；在降成本方面，存在违规征税、违规收费、违规设置各类收费项目、大量行政审批事项未按规定取消等问题；在补短板上，创新创业相关制度不够完善。整体来看，针对供给侧结构性改革的审计工作覆盖面广，涉及了"三去一降一补"的五个方面。从审计查出问题整改情况看，相关部门针对政府审计发现的各类问题，通过纠正、清理、追责、制定政策、完善制度等方式积极进行整改。

2. 从地方政府审计工作报告解读政府审计功能的发挥

地方政府审计工作报告是地方政府审计机关每年审计工作成果的汇总展现。表 3 - 2 列示了部分政府审计工作报告①中有关供给侧结构性改革的相关审计成果，主要包含两个方面内容，一是审计主要内容，二是审计发现主要问题。通过这两方面内容详细展示了地方政府审计工作报告中有关供给侧结构性改革的相关审计情况。

---

① 即地方政府年度中央预算执行和其他财政收支的审计工作报告。

表 3 – 2　　　　地方政府审计工作报告中供给侧结构性改革审计情况

省份	审计主要内容	审计发现主要问题
海南	①省本级预算执行及决算草案审计情况 ②市县财政管理审计情况 ③重大政策措施落实跟踪审计情况 ④政府投资审计情况	①地方政府债券 33.48 亿元未支出 ②海口市、三亚市等 7 市县存在违规提前征税 4.22 亿元；三亚市等 4 个市县未及时按规定停止征收价格调节基金等 5 项收费，造成多收费 2257.25 万元；三亚市自定"临时占道停车费"收费项目，违规收取停车费 158.1 万元 ③乐东县违规审批个人住宅建设项目 6 个，建筑面积 27.27 万平方米，增加商品住宅去库存压力；五指山市违规将商务金融用地调整为居住用地；东方市等 4 个市县 38 宗商品住宅闲置土地未按规定进行认定和处置，面积 418.33 公顷；安定县等 2 市县配套基础设施建设不到位，影响商品住宅去库存效果 ④5 个项目超概算 2.8 亿元；3 个项目多报过程造价 1.95 亿元
内蒙古	①自治区本级预算执行审计情况 ②重大政策跟踪审计情况 ③领导干部履行经济责任审计情况	①未及时下达拨付政府债券资金 60.5 亿元；设立的 10 支引导基金存在运作进展缓慢、资金闲置、部分资金形成新的政府债务等问题 ②就业创业优惠政策落实不到位 ③违规出台先征后返税费规定，如二连浩特市违规向企业先征后返税款 6400 万元、土地出让金 2.39 亿元；地方政府债务高，财政风险加大，如阿尔山市 2016 年底政府债务率高达 638.8%；违规收费 1846 万元，涉及统计局等 4 个单位
广东	①财政管理审计情况 ②政策跟踪审计情况	①新增债券资金使用率较低；税费征管不规范，抵退不及时税款涉及 2941.6 万元，多征税款涉及 1100.53 万元；部分省本级社保基金存放未及时落实优惠利率政策；6 部门违规收取企业管理服务费等 771.4 万元；韶关、惠州市新增政府性债券资金闲置超过 1 年，涉及 8.38 亿元；河源等市违规在项目间调剂使用政府性债务资金 27.14 亿元；惠州市未及时将以前年度政府性债务资金纳入预算管理，涉及 14.7 亿元；11 个镇违规自定项目收费 5100.37 万元 ②3 市 22 县未能按时完成 506 家国有关停企业出清任务；9 市未按要求出台政策引导支持开发商改造库存；7 市未按要求采取措施推动建设互联网金融自律组织，部分金融机构发放贷款仍上浮利率、加收费用；28 县未将失业保险基金支持政策范围扩大到所有符合条件企业，14 县未降低住房公积金缴存比例，部分企业未享受优惠用电政策等
云南	①省级部门决算草案及预算执行审计 ②重大政策跟踪审计	①资金闲置问题严重，如省体育局省体工大队搬迁项目资金闲置 7237 万元，省地质调查局 69 个项目资金闲置 1.16 亿元；违规对外投资、出借资金、借用下属单位资金等涉及 2250 万元 ②少数部门"放管服"政策落实不到位，如省住房城乡建设厅行政审计事项 9 项未按规定取消、6 项下放不彻底、3 项未按规定标准下放；少数部门清理规范中介服务不彻底；少数单位设立服务项目违规收费

续表

省份	审计主要内容	审计发现主要问题
广西	①政策措施落实跟踪审计情况 ②国有企业审计情况	①2 县违规向高耗能企业进行电价补助 690.17 万元 ②2 户企业下属小额贷款公司、融资担保公司变相拆分放贷、超经营区域放贷
宁夏	①自治区本级预算执行审计情况 ②重大政策措施落实跟踪审计情况	①2.58 亿元地方政府债券新增债券资金闲置 ②5 家企业申报科技专项资金不规范 2131.33 万元 ③违规发放津补贴和职工福利 ④14 家煤炭企业尚未完成闭坑，24 座关停煤矿未开展环境治理
山东	①税收征管审计情况 ②重大政策措施落实跟踪审计情况	①3 个县多征收 9 个纳税单位税款 1532.04 万元 ②多征税款 4087.18 万元 ③3 个市和 9 个县以公益性资产抵押或通过医院、学校举债等方式融资 36.56 亿元
北京	①市本级预算执行和决算草案审计情况 ②重大政策落实跟踪审计情况	①对创新创业扶持机构资金支持政策整合不够 ②部分债权置换项目进度较慢，延伸审计调查 58 个债券置换项目中，有 17 个项目因拆迁难度大、项目规划方案未通过审批、工程计划调整等原因，工程进度未达到要求
河南	①地税征管审计情况 ②重大政策措施落实跟踪审计情况 ③省属重点企事业单位审计情况	①10 个县（市、区）地税部门在 2016 年预征 25 家企业税款 1.94 亿元；个别市县存在虚收耕地占用税的问题 ②化解煤炭过剩产能相关政策落实还需加强，一是部分关闭矿井人员尚未安置完毕，二是部分专项资金未按要求及时拨付 ③3 家企业存在对外投资、对外借款未按期收回或资金被民营企业长期占用等问题，涉及资金 15.5 亿元
浙江	①国家和省重大政策措施贯彻落实跟踪审计情况 ②县域经济体制综合改革推进审计情况 ③经济责任审计情况	①企业去产能处置"僵尸企业"政策落实中，处置工作机制不够健全，如府院联动机制尚未真正建立、信息共享机制普遍未建立、档案动态数据库未建立；企业处置不够彻底，如"僵尸企业"处置不够彻底，未真正实现市场出清、处置后引入的产业层次和资产绩效普遍不高；政策执行不够严格，部分已处置土地流向不符合当地产业准入标准项目 ②政府部门审批环节不断减少，但中介服务环节未缩减；涉企政策相互之间缺乏协调；税费减免不到位 ③违规或变相举债仍较普遍，主要是通过投融资平台或违规办证、公益性资产抵押等方式继续举借政府债务

从表 3-2 中可以看出，有关供给侧结构性改革的具体审计内容主要包括了省本级预算执行及决算草案审计情况、市县财政管理审计情况、重大政策措施落实跟踪审计情况、政府投资审计情况、领导干部履行经济责任审计

情况、省属重点企事业单位审计情况等。

从审计发现主要问题来看，涉及供给侧结构性改革和"三去一降一补"的多个方面。在去产能方面，发现存在未按要求关停企业、化解煤炭产能政策落实不到位、未按要求关闭煤矿等问题；在去库存方面，发现存在违规审批住宅建设项目、违规调整土地用途的问题；在去杠杆方面，发现存在地方政府债务率过高、地方政府新增债券资金闲置、债权置换项目进展缓慢、变相举债行为普遍存在等问题；在降成本方面，存在违规提前征税、违规收费、未按规定停止收费项目、违规自定收费项目等问题；在补短板上，存在就业创业优惠政策落实不到位、对创新创业扶持机构资金支持政策整合不够、科技专项资金申报不规范等问题。从审计查出问题整改情况看，相关部门针对政府审计发现的各类问题，通过纠正、清理、追责、制定政策、完善制度等方式积极进行了整改。整体来看，地方政府审计机关针对供给侧结构性改革的审计工作覆盖面广，涉及了"三去一降一补"的每个方面。

3. 从中央企业的审计结果公告解读政府审计功能的发挥

中央企业的审计结果公告是审计署对中央企业集团审计工作成果的汇总展现。表3－3列示了中央企业审计结果公告中有关供给侧结构性改革的相关审计成果，主要包含两个方面内容，一是审计主要内容，二是审计发现主要问题。通过这两方面内容详细展示中央企业审计结果公告中有关供给侧结构性改革的相关审计情况。

表3－3　　　中央企业审计结果公告中供给侧结构性改革审计情况

年度*	审计对象	审计发现主要问题
2008	中航集团、南航集团、东航集团、华电集团、神华集团、华润集团	①未经核准或超过核准规模建设电源项目 ②违规改变贷款用途，用于办公楼或未经核准的电源项目建设 ③违规向高耗能高污染企业供电 ④违规生产煤炭3211.9万吨；超核定能力生产煤炭6279.19万吨；超核准投资115675.22万元

续表

年度*	审计对象	审计发现主要问题
2009	三峡集团、大唐集团、中建总公司、中铝公司、中国海油、中化集团、中远集团、南方电网公司、中国联通、中船重工、兵装集团、中核集团、中交集团、电科院、中粮集团、中钢集团、招商地产	①未经批准投资项目 ②资金安排不当，增加集团费用 ③违规向不符合条件企业累计发放贷款 11.17 亿元 ④未经批准建设项目 ⑤挪用银行贷款 30.4 亿元，长期滞留国债专项资金 ⑥违规为职工购买保险 19.4 亿元 ⑦违规建设电网项目 70 项 ⑧违规补贴未核准建设的电厂 ⑨费用分摊不准，多承担费用 441.31 万元 ⑩使用经营流动资金贷款 1.62 亿元开发房地产项目
2010	中国电科、中石油集团、中石化集团、中国电信、中国电子、一汽集团、中国二重、东方电气、鞍钢集团、宝钢集团、武钢集团、招商局集团、中煤集团、中农发集团、国投公司、中信集团	①违规为职工购买保险 0.78 亿元 ②未按期淘汰高耗能装置 76 台 ③未按规定退出房地产业务 ④研究与开发投入偏低，研发资源亟待整合 ⑤自主产品研发投入比例偏低 ⑥多支付广告费等 2149.01 万元 ⑦超规定多缴纳住房公积金 ⑧项目存在产能利用率较低、产品合格率不高等问题 ⑨违规新增和扩大产能；未按规定淘汰产能 ⑩违规发放贷款
2011	华能集团、国电集团、五矿集团、中移动集团、中航集团、中储粮公司、中国商飞、中版集团、国投公司、核电技术公司	①违规建设和收购国家产业政策限制的项目，多项目存在未核准先建设、超出核定生产能力生产等问题 ②未按计划关停机组 57.4 万千瓦，未获核准开工建设 21 个项目 ③未经核准新增稀土冶炼分离产能 1.31 万吨，超指令生产 3391.37 吨，超产 76.21%，未按工信部要求淘汰落后机电设备 117 台 ④未批先建煤矿项目
2012	中国烟草、中核建设集团、航天科技集团、航天科工集团、中船集团、兵装集团、中石油集团、大唐集团、中海集团、华润集团、中冶集团	①未经审批投资项目、调整建设规模、超概算投资等 ②超缴住房公积金，违规向职工发放补贴和福利 ③超计划投资 2.85 亿元，未经审批开工建设投资 24.85 亿元 ④未经核准扩建项目，违规抵押融资 ⑤违规向高耗能企业供电，超核准产能 105.24 万吨 ⑥多项费用超标准使用 ⑦未按规定开工建设，涉及装机容量 10.11 万千瓦时，发电量 7.55 亿千瓦时

续表

年度*	审计对象	审计发现主要问题
2013	中核集团、兵器集团、国网公司、南方电网、华电集团、国电集团、中电投集团、三峡集团、神华集团、中国二重集团、中远集团、中航集团、中粮集团、中储粮集团	①违规设立房地产开发公司 ②违规投资建设2个工程项目，自行开工建设项目涉及1.67亿元 ③盲目扩产，致使产能严重过剩 ④未执行国家电价政策，违规调度未核准机组和无计划机组生产 ⑤6台燃煤火电机组未按规定改造，20家煤矿企业违规开采1137.8万吨，违规建设水电站等4个电源项目 ⑥超标准缴纳住房公积金326.37万元，超核定产能生产煤炭4507万吨，违规生产3015.67万吨 ⑦违规投资房地产，4个煤矿超核定能力生产煤炭2174.55万吨 ⑧违规向下属房地产公司提供资金支持，多家煤矿违规开采 ⑨多仓房、码头闲置，占用资金
2014	中航工业、中国电科、中国石化、中国海油、中国电子、中铝公司、东航集团、南航集团、招商局集团、港中旅集团	①超比例缴纳住房公积金9.11亿元，多企业提前确认收入，导致多计成本费用6.43亿元 ②违规支付购房补贴6856.59万元 ③违规支付住房补贴等问题，造成多计费用1661.99万元；违规发放奖金；违规发放员工奖励6086.72万元，未及时清理费用结余，累积多成本费用1017.33万元，不合规报销礼品费用504万元，违规列支员工交通费，导致成本费用多出165.99万元；3家企业违规列支职工过节费等，造成多计成本费用1675.93万元 ④违规建设煤层气开发项目，违规批准下属企业参股煤炭企业 ⑤研发投入占比低于监管部门要求，11项关键技术仍未掌握；科技投入占比未到规划目标，产业技术研发项目未实现预期目标；主业创新不足 ⑥违规垫资建设和委托贷款 ⑦未按规定退出房地产业务
2015	中船集团、中船重工、中石油集团、华能集团、东风公司、哈电集团、鞍钢集团、宝钢集团、中化集团、五矿集团、通用技术集团、中建总公司、中	①未按要求化解52.6万载重吨过剩产能，3企业未按要求淘汰169台高耗能落后机电设备 ②违规参与商业房地产项目，未按规定退出房产业务 ③低效无效资产清理进展缓慢 ④月均带息负债高，不利于控制企业财务成本 ⑤违规承担住房贷款利息3995.47万元，超额发放补贴3.18亿元 ⑥多家企业被认定为"僵尸企业" ⑦违规向房地产开发下属企业提供委托贷款4.35亿元

续表

年度*	审计对象	审计发现主要问题
2015	钢集团、中国化工、建材集团、中国有色集团、中铁工总公司、中铁建总公司、中国电建集团、中国铁物	⑧投资 6.03 亿元对明令淘汰项目改造，新增热轧产能 120 万吨/年 ⑨多报科技投入 25.56 亿元 ⑩违反项目审批规定新增产能 ⑪房地产存货增加，与"去库存"要求不符，未按要求清理存货 ⑫未完成资产负债率规划目标 ⑬违规融资 56.14 亿元用于房地产
2016	中国华电、神华集团、中国电信、中国移动、国机集团、东方电气、武钢集团、中国远洋海运、中储粮集团、国投、中国商飞、中国节能集团、中国煤炭科工、中国化学工程、中盐公司、中材集团、矿业集团、中车集团、中国通号集团、中交集团、中丝集团、中林集团、国药集团、保利集团、中轻集团、中煤地质总局、中国航信、中国航油、中国能建、中国黄金、中广核集团、华侨城集团、南光集团、中国西电集团、中国国新	①未按要求完成低效无效资产处置、化解过剩产能、淘汰落后产能等任务 ②未按要求完成存货压控工作 ③违规生产煤炭，无证开采煤矿；超核定能力开采原煤 ④超额列支补贴和奖金 489.99 万元，违规核算业务招待费 62.76 万元，违规承担退养人员费用 26.1 万元，超额发放交通费、通讯费 36.54 万元，不合规报销发票，增加费用 39.64 万元 ⑤未按规定降低综合能耗目标 ⑥未按要求退出房地产业务，违规从事商业性房地产项目 ⑦超规模建设水泥生产线 ⑧多个科研项目未按计划实施或进展缓慢，涉及资金 6900.22 万元，违规将 25.33 万元科研专项资金用于发放职工工资，21 个子系统研发工作推进较慢，实际完成 14 个 ⑨收购已纳入地方淘汰落后产能范围的厂 ⑩违规开展金融租赁等金融业务，涉及 2.56 亿元 ⑪未按要求将符合"僵尸企业"条件的企业上报纳入清理范围

注：*被审会计年度：如 2008 年是指 2008 年资产负债损益（财务收支）审计结果，审计介入年度为 2009 年，审计结果公告年度为 2010 年。

资料来源：根据审计署公开披露的中央企业 2008～2016 年资产负债损益（财务收支）审计结果公告整理所得。

从表 3-3 中可以看出，有关供给侧结构性改革的审计内容主要包括中央企业的财务收支、经营管理、公司治理、领导干部经济责任履行、重大经济决策、投资项目管理、国家重大政策方针落实、发展潜力等多方面。

从审计发现主要问题来看，涉及供给侧结构性改革和"三去一降一补"的每个方面。在去产能方面，发现部分中央企业存在超核准建设、违规生

产、超核定能力生产、未按期淘汰过剩产能、产能利用率低等问题；在去库存方面，发现部分中央企业存在违规设立房地产开发公司、未按规定退出房地产业务等问题；在去杠杆方面，发现部分中央企业存在违规发放贷款的问题；在降成本方面，发现部分中央企业存在资金安排不当致使集团费用增加、违规发放职工补贴、费用分摊不准、多项费用使用超标等问题；在补短板方面，发现部分中央企业存在研发投入不到位、研发占比低于监管部门要求、主业创新不足、科研项目进展缓慢等问题。整体来看，审计署针对中央企业供给侧结构性改革的审计工作覆盖面广，涉及了供给侧结构性改革的五个方面。对审计发现的问题，审计署已依法出具了审计报告、下达了审计决定书。审计中发现的相关违法违纪问题线索，已依法移送有关部门进一步调查处理。

第四节　政府审计促进供给侧结构性改革的作用路径

在第一节供给侧结构性改革的内涵界定部分已经指出，供给侧结构性改革的内涵可以拓展为"三去一降一补"五大任务和地方政府与中央企业两大主体。为了更好地考察供给侧结构性改革在实践层面的实施效果，本书将供给侧结构性改革的五大任务和两大主体结合起来进行探讨。研究话题从考察政府审计对供给侧结构性改革的促进作用转化为考察政府审计对地方政府层面和中央企业层面"三去一降一补"的促进作用。因此，政府审计促进供给侧结构性改革的作用路径可以划分为政府审计促进地方政府层面的"三去一降一补"的作用路径和政府审计促进中央企业层面的"三去一降一补"的作用路径。

一、政府审计促进地方政府层面的"三去一降一补"的作用路径

政府审计作为国家政治制度的重要组成部分，在国家治理中发挥着重要的基石作用，是推动国家治理现代化的重要保障（刘家义，2015），政府审计在国家治理中发挥着维护国家经济安全、促进中央宏观调控政策落实等多方面的重要作用（董大胜，2018）。"三去一降一补"政策作为现阶段中央宏观调控的重要措施之一，对国家经济安全有着重要影响，因此，保障和促进"三去一降一补"政策落实理应成为政府审计的重要任务。政府审计促进地方政府层面的"三去一降一补"的实现路径主要包含完善基础制度设计、监控经济权力运行和评估政策执行效果三个方面，如图 3 - 7 所示。

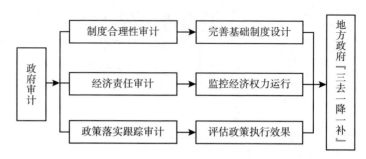

图 3 - 7   政府审计促进地方政府层面的"三去一降一补"的作用路径

1. 完善基础制度设计

制度是现代社会和组织存在与发展的基石（李齐辉，2013）。制度设计的合理与否直接影响着社会经济活动的实际运行效果，科学的基础制度会对经济社会发展产生巨大的推动作用，反之，不合理的基础制度则会严重制约经济社会的稳定和发展。邓小平（1980）曾指出："制度好可以使坏人无法任意横行，制度不好可以使好人无法充分做好事，甚至会走向反方面"。可见，制度对经济活动产生的影响不可忽视。当某类经济活动运行未能实现预期结果或出现非预期结果时，主要存在两个方面原因，一是执行层面的问题；二是制度层面的问题。政府审计作为系统的监督控制系统，不仅能在微观层面督促被审计单位在执行过程中尽责履职，更能在宏观层面对制度性问题进行分析和评价以发现制度设计上存在的偏差，及时进行纠正和调整。

"三去一降一补"在地方政府的执行过程中，涉及大量经济基本制度和

体制，如社会主义基本经济制度、市场经济体制以及金融体制等，这些制度和体制是宏观调控政策执行和实践的标准。制度和体制上存在缺陷，会使宏观政策的执行失去标准，从而引发重大风险，进而导致政策执行效果大打折扣甚至执行失败。政府审计作为重要的监督控制系统，通过对被审计单位的相关活动进行检查，一方面可以发现相关制度和体制本身是否存在缺陷和漏洞；另一方面还可以评估相关制度和体制是否适用于当前经济运行状况。最后通过整理分析相关信息，对当前制度和体制进行评价并提出完善建议，从而协助相关部门修复国家有关制度和体制中的缺陷，为供给侧结构性改革创造良好的制度环境。

2. 监控经济权力运行

在我国，各级政府按照本级人民代表大会所体现的人民意志对公共财产行使管理经营权，从而对人民负有公共受托经济责任（秦荣生，2004）。然而，作为委托人的人民和作为受托人的各级人民政府之间信息是不对称的，且两者的利益并不完全一致。各级人民政府并不一定会完全按照人民的意志对公共财产行使经营管理权，当两者利益存在冲突时，个体利益可能凌驾于人民利益之上，进而滋生权力腐败。因此，为保障公共受托经济责任的全面有效履行，需要政府审计作为独立的监督力量对政府权力运行情况进行监控，防止经济权力异化或滥用，以确保受托人尽责履职。

各级政府在贯彻落实"三去一降一补"政策过程中，经济权力运行起着至关重要的作用，直接关系着该政策能否顺利实施。政府行为的背后通常是官员行为，对经济权力运行的监控主要在于对各级政府官员的权力运行状况进行监控。政府审计中的经济责任审计的主要任务便是通过对党政领导干部任职期间的财政收支活动、所负责区域的经济社会发展情况以及所辖部门的廉政情况等各方面进行监督和检查，避免个别领导干部利用权力进行腐败等违法违纪活动，以确保权力的健康运行，进而保障"三去一降一补"政策措施的有效执行。

3. 评估政策执行效果

对政策执行效果的评估主要包含两个方面：一是政策制定是否合理；二

是政策执行是否有效。"三去一降一补"政策涉及多个监管部门和执行部门，同时也涉及多个行业和产业，覆盖面广、实施难度大，这对"三去一降一补"政策的制定以及具体实施措施的设计方面提出了更高的要求。在保障"三去一降一补"政策制定的合理性上，首先，政府审计可以通过监控功能的发挥，收集大量与"三去一降一补"相关的资料和信息，反馈给政策制定部门，提高政策制定的合理性。其次，在"三去一降一补"政策出台后，政府审计可以通过审计发现政策本身存在的一些问题和缺陷，提出完善建议，协助政策制定部门不断调整和完善相关政策措施。在确保"三去一降一补"政策执行效果上，政府审计可以发挥更为直接的监控作用。第一，政府审计可以对被审计单位的"三去一降一补"政策落实情况进行逐项审计，评估被审计单位是否按照要求执行相关政策并达到预期标准，若未达到，政府审计机关则可在法定范围内直接下达整改通知书提请被审计单位进行整改，并实时监控其整改完成情况；第二，政府审计可以将有关"三去一降一补"政策落实审计中发现的违法违规问题以报告和建议的形式移交上级审计机关或纪检监察等相关处理部门，对危害政策执行的行为及行为人进行相应的处理处罚，从而保障"三去一降一补"政策的有效执行。

二、政府审计促进中央企业层面的"三去一降一补"的作用路径

国有企业掌握着国民经济的命脉，在整个国民经济中占据着重要地位。中央企业在国有企业中起着领导性和标杆性的作用，在维护经济安全和保障国家重大政策措施落实过程中至关重要。政府审计是我国重要的监督控制系统，对中央企业进行有效监控是其职责所在。政府审计可以通过对中央企业的财务收支审计、经济责任审计和政策落实跟踪审计，发现中央企业在贯彻落实"三去一降一补"政策措施中的违法违规行为和管理或制度上的漏洞，出具审计结果公告，提出整改建议和意见。从而促进中央企业有效落实"三去一降一补"重大政策，如图 3-8 所示。

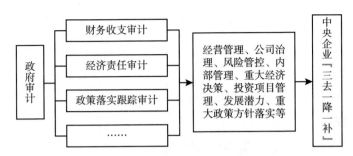

图 3 - 8 政府审计促进中央企业层面的"三去一降一补"的作用路径

1. 进行财务收支审计

财务收支审计的主要内容包含对国有资产保值增值情况、重大投资项目情况、重大资金运用情况、经营成果情况、财务状况真实性情况、内部控制情况、经营管理情况、廉洁从业情况、发展潜力情况和风险管控情况等方面的审计。"三去一降一补"政策的具体落实情况内含于中央企业经营状况中的各个方面。通过对中央企业的财务收支审计可以较好地发现中央企业在贯彻落实"三去一降一补"政策方面存在的漏洞和薄弱环节,责令其进行整改和完善,协助企业及时纠正不当行为,从而推动中央企业落实"三去一降一补"相关政策。

2. 进行政策落实跟踪审计

中央企业在国有企业中起着领导性和标杆性的作用,在维护经济安全和保障国家重大政策措施落实过程中至关重要,是贯彻落实国家重大方针政策的重要主体之一。政府审计可以通过对中央企业贯彻落实"三去一降一补"政策情况进行审计,以评估其是否积极有效地推进国家重大方针政策的落实。及时对审计过程中发现的违法违规行为进行处理,为"三去一降一补"政策在中央企业层面的贯彻落实扫清障碍。

3. 进行经济责任审计

对中央企业领导干部进行审计属于经济责任审计范畴,《党政主要领导干部和国有企业领导人员经济责任审计规定》规定,应当对国有企业领导干部经济责任履行情况进行审计,而经济责任履行情况应当包括本企业财务收支的真实、合法和效益情况；有关内部控制制度的建立和执行情况；履行国有资产出资人经济管理和监督职责情况等，且经济责任审计结果将作为领导干部考核、任免和奖惩的重要依据。因此，对中央企业领导干部的经济责任审计能对中央企业管理层起到震慑作用，从而较好地约束企业管理层的不当行为，督促其加强本企业的投资管理和经营管理等，从而保障中央企业层面的"三去一降一补"政策的贯彻落实。

第五节   本章小结

本章是政府审计促进供给侧结构性改革作用效果研究的核心理论基础部分。本书以公共受托经济责任理论为基本理论依据，以政府审计的经济控制功能为基本出发点，在明确供给侧结构性改革的内在含义的基础之上，确立起政府审计促进供给侧结构性改革的理论依据、功能定位和作用路径，搭建起政府审计促进供给侧结构性改革的理论分析框架。为后面的研究奠定了理论基础。

2008 年经济危机后，经济增长速度下滑，供需不匹配以及供给跟不上人民日益增长的物质文化需求成为经济主要矛盾。在此背景下，中央政府提出了供给侧结构性改革的战略性方针以适应时代发展的需求。因此，本书在结合经济社会发展背景和中央政策的前提下认为供给侧结构性改革的基本内涵应是：通过调整经济结构和优化资源要素配置的方式提高有效供给并最终实现经济高质量发展的一种战略性改革措施。供给侧结构性改革的内涵按照主要内容和作用主体的不同可以拓展为五大任务——"三去一降一补"和两大作用层面——地方政府层面和中央企业层面。

政府审计作为国家政治制度的组成部分，是依法以权力监督制约权力的制度安排，是国家监督体系的重要组成部分。根据公共受托经济责任观，政府审计产生于公共受托经济责任并随公共受托经济责任内涵的拓展而拓展，其本质上是一种特殊的经济控制机制，主要目的在于确保全面有效地履行公共受托经济责任（蔡春，2001）。当供给侧结构性改革成为公共受托经济责

任的重要内容时，政府审计理应发挥其监督控制功能以促进供给侧结构性改革的顺利实施。所以，政府审计能够有效促进供给侧结构性改革是公共受托经济责任内涵不断拓展的必然要求，也是政府审计本质功能的体现。除此之外，政府审计促进供给侧结构性改革也是我国各类法律法规中政府审计职责的具体体现，同时也是推动实现国家治理现代化的现实需求之所在。

政府审计本质上是一种促进和保障公共受托经济责任全面有效履行的特殊的经济控制机制（蔡春，2001）。政府审计的本质功能是经济控制，但政府审计功能的体现形式多样化，且会随社会经济发展而不断变化。在政府审计促进供给侧结构性改革的作用领域中，政府审计在经济控制的本质功能下，可以发挥基本层次的监测功能和衍生层次的预防、预警、纠偏和修复功能。而基本层次的检测功能是衍生层次的预防、预警、纠偏和修复功能发挥作用所依赖的基础。

将供给侧结构性改革的五大阶段性任务和两个作用层面结合使供给侧结构性改革问题转变为地方政府层面的"三去一降一补"和中央企业层面的"三去一降一补"问题。因此，政府审计促进供给侧结构性改革的作用路径也可分为两条，政府审计促进地方政府层面的"三去一降一补"的作用路径和政府审计促进中央企业层面的"三去一降一补"的作用路径。在地方政府层面，政府审计主要通过完善基础制度设计、监控经济权力运行和评估政策执行效果来确保"三去一降一补"政策落实；在中央企业层面，政府审计通过财务收支审计、经济责任审计和政策落实跟踪审计，发现政策执行中的违法违规行为和管理或制度上的漏洞，从而提出整改建议和意见，进而促进中央企业层面的"三去一降一补"重大政策的贯彻落实。

第四章

政府审计与供给侧结构性改革

——基于地方政府层面

政府审计是国家政治制度的重要组成部分，在国家治理中发挥着重要的基石作用（刘家义，2015）。政府审计在维护财政经济秩序和国家经济安全、促进提高财政资金使用效益、促进国有资产保值增值、促进中央宏观调控政策贯彻落实、促进权力规范运行等多方面发挥着重要作用（董大胜，2018）。供给侧结构性改革作为当前经济发展中最为重要的战略性改革措施之一，其实施效果直接影响到经济社会的稳定和发展，因此，促进和保障供给侧结构性改革的顺利实施理应成为政府审计的重要任务。那么，在供给侧结构性改革实施过程中，政府审计究竟能否发挥重要作用成为实践关注的重点问题。已有研究多从理论上探讨政府审计对供给侧结构性改革产生的促进作用（王玉凤，2016；汪德华，2016；孙丽，2017；常华兵，2018；等等），从实证的角度验证政府审计对供给侧结构性改革产生的影响的文献仍相对匮乏。本章就政府审计与地方政府层面的供给侧结构性改革的关系进行实证检验具有较强的理论意义和现实意义。

本书将供给侧结构性改革划分为两个作用层面，一是地方政府层面，二是中央企业层面。本章以 2008~2016 年各省份供给侧结构性改革实施效果为研究对象，实证检验政府审计功能的发挥对各省份供给侧结构性改革产生的影响。"三去一降一补"作为供给侧结构性改革的五大阶段性任务，供给侧结构性改革的实施效果在当前阶段即表现为"三去一降一补"的实施效果。因此，本章将具体考察政府审计功能的发挥对各省份"三去一降一补"实施效果产生的影响，以期提供政府审计促进地方政府层面的供给侧结构性改革作用效果的直接的经验证据。研究发现，政府审计功能的发挥有利于各省份去产能、去杠杆和补短板的实施，但在去库存和降成本方面，政府审计的功能暂未显现。具体来看，（1）政府审计功能的发挥显著提高了各省份去产能的概率；进一步研究发现，政府审计功能发挥越强，各省份去产能程度越高；政府审计对各省份去产能概率的提升作用主要存在于国有企业规模占比较高的地区。（2）政府审计功能的发挥显著降低了各地方政府债务规模；进一步研究发现，政府审计对地方政府债务的抑制作用存在一定滞后效应；政府审计对地方债务的抑制作用主要存在于 GDP 晋升压力较高的地区。

（3）政府审计功能的发挥显著增加了各省份专利获得数量；政府审计对各省份专利获得的增加作用存在一定滞后效应；在区分专利类型后发现，政府审计对发明专利、实用新型专利和外观设计专利的获得均存在显著增加作用。（4）政府审计对各省份去库存和降成本的促进作用尚未体现。

本章安排如下：第一节是理论分析与研究假设；第二节是研究设计；第三节是描述性统计；第四节是实证结果分析；第五部分是本章小结。

第一节　理论分析与研究假设

一、政府审计与各省份去产能

从 20 世纪末，产能过剩问题便已成为我国重要的宏观经济现象之一，2008 年的经济危机后，政府主导的大规模投资进一步强化了产能过剩现象。2009 年、2010 年以及 2013 年国务院连续发布了 3 个治理产能过剩的重要文件，涉及钢铁、煤炭、水泥等多个行业。大量研究从市场和政府的角度对产能过剩形成的原因进行了探讨，如潮涌现象（林毅夫，2007；林毅夫等，2010；耿强等，2011）、政府间过度竞争（耿强等，2011；赵静，2014）、政府干预（程仲鸣等，2008；唐雪松等，2010；韩国高等，2011；王文甫等，2014）以及官员晋升考核机制（周黎安，2004；刘航和孙早，2014；干春晖等，2015；步丹璐等，2017）等。支持潮涌现象理论的学者们认为，在发展中国家，企业容易对某一新兴产业的发展前景形成共识，从而引发投资的"羊群现象"，继而形成产能过剩，潮涌理论是从市场失灵的角度对产能过剩的原因进行解释。而政府间过度竞争、政府干预以及官员晋升考核机制则主要是从体制和机制引发的政府行为角度对产能过剩原因进行解释。地方政府行为的背后主要是官员行为（周黎安，2008）。我国长期以来的以经济指标为核心的晋升锦标赛制度使地方官员表现出强烈的政绩需求和 GDP 政绩动机（周黎安，2007；刘伟和李连发，2013）。为达到政绩考核标准并获得升迁机会，地方官员通过税收优惠、政府补贴、降低融资利率、低价销售土地等方式将本属于企业的成本外部化，以较低的投资成本引导企业盲目扩大投资规模（刘航和孙早，2014），进而引发产能过剩。从政府角度来看，体制不合理引发的地方政府官员不当行为是引诱企业扩张产能并致使大面积产能过剩的主要原因。政府审计作为我国政治制度的重要组成部分，是我国重要的监督控制系统，可以通过对引起产能过剩的相关制度的合理性进行审计、对地方官员的不当干预行为进行经济责任审计、对各省份去产能实施效果进行政策落实跟踪审计以促进去产能的贯彻落实。

首先，从体制上来看。自 20 世纪 80 年代开始的以 GDP 为重点的晋升考核制度是将政治权力与强激励结合在一起的政府官员治理模式（周黎安，2007；步丹璐等，2017），对于追求政治晋升的官员而言，具有很强的激励作用。政府审计作为国家重要的监督控制系统，在推进完善各项制度中起到重要作用。一是政府审计可以为相关制度的修订和完善提供决策有用的信息。各级政府审计机关在审计实践中展开各项工作，可以快速便捷地搜集到与去产能相关的经济活动运行的基本信息，进而提供给制度制定者。二是政府审计可以通过制度合理性审计对引发产能过剩的 GDP 晋升体制进行评估，并提出完善建议，从而协助相关部门改善当前以 GDP 晋升激励制度中唯 GDP 马首是瞻的基本现状。

其次，从地方官员行为来看。当地方官员追求政治晋升时，可能会选择干预企业投资，通过将地方政府控制的土地、信贷等生产要素低价配置给地方企业，支持企业扩张或用财政补贴吸引投资以促进经济增长，提升地区经济绩效（步丹璐等，2017），以求在政治晋升中胜出。可以说，地方政府官员的不当干预行为才是 GDP 晋升体制下引发企业产能过剩的直接导火线。政府审计作为重要的监督控制系统，其职责之一便是对经济权力的运行状况进行监控。政府审计可以通过实施领导干部经济责任审计以抑制地方官员的不当行为，减少政府对企业投资和扩张的不当干预，进而达到抑制企业盲目扩张的目的，从而有效促进地方政府去产能。

最后，政府审计可以通过政策落实跟踪审计直接对地方政府的去产能现状进行监控。供给侧结构性改革作为当前经济发展的重大宏观调控措施，其

贯彻落实情况实属政府审计监控的范围，而去产能作为供给侧结构性改革现阶段的五大任务之一，也理应成为政府审计监控的重点之一。政府审计通过对各级政府的去产能政策落实情况进行跟踪审计，及时发现去产能政策实施过程中存在的问题，并促令其整改落实，从而保障去产能政策在各省份的贯彻落实。

2016 年中央预算执行和其他财政收支审计发现，2016 年个别地方和企业未严格落实淘汰化解过剩产能的相关要求，多省份未按要求关闭或违规批复 67 处煤矿，涉及产能 1259 万吨，违规为在建项目办理备案手续，涉及炼铁产能 133 万吨。审计查出问题后，相关部门积极整改，对未按要求关闭或违规批复煤矿的问题，相关地方采取撤销新增产能初步设计批复、签订产能置换协议等方式，对违规新增产能的 25 家煤矿进行清理整顿，对与大型煤矿、饮用水水源保护区或自然保护区重叠的 42 家煤矿，已采取关闭封井、场地恢复等整改措施。[1] 可见，政府审计功能的发挥有利于各省份去产能政策的贯彻落实。

据此，提出本章第一个研究假设：

H4 – 1：政府审计功能的发挥有利于各省份去产能。

二、政府审计与各省份去库存

自 1995 年实行房屋预售制度以来，我国房地产行业取得了前所未有的快速发展。虽然房地产行业高速增长的投资规模大大缓解了居民的住房需求压力，但房地产市场的"非理性繁荣"也曾引发了行业性的过度投资。目前，随着房地产行业景气度的不断下降，我国房地产行业已积压了相当的库存。作为国民经济重要支柱的房地产业，其过度投资以及库存的化解一度是迫在眉睫的重大现实问题。现有研究从货币政策（Macarthy et al. ，2002；Mishkin，2007；高铁梅，2004；黄瑜，2010）、银行信贷（李宏瑾，2005；张晓晶和孙涛，2006）、房地产市场因素（魏巍贤和李阳，2005）、城镇化

---

[1] 资料来源：中华人民共和国审计署官方网站。

（Mankiw and Weil，1989；Glaeser et al.，2006；Chen et al.，2011；谢福泉和黄俊晖，2013；许远明等，2013）等方面探讨了其对房地产需求产生的影响。而在中国特殊的制度背景下，政府干预对房地产行业膨胀产生了重大影响。如财政分权改革，地方政府被赋予更多的资源支配权，其中包括土地资源的支配权。但现行分税制背景下，中央政府控制了大部分税收，却将基础建设、科教文卫、农林水利等事权向地方政府下移，造成了财权与事权的不平衡（李昊等，2010；王叙果等，2012；陈菁和李建发，2015；等等），地方政府财政缺口日益增大。当地方财政难以支撑各类财政支出时，便将土地作为缓解财政困境的一大出路，通过卖地来弥补地方财政缺口，形成所谓的土地财政。此外，地方官员的政治晋升制度也是助推房地产企业过度投资的重要因素。房地产企业作为国民经济的支柱性产业，不仅可以为地方政府创造短平快的财政收入，还可以通过拉动关联行业的发展促进 GDP 的快速增长（刘斌等，2018），使地方官员在 GDP 竞争中获得更好的排位，得到政治晋升。可以说，财政分权制度是促使地方政府实施土地财政的客观因素，而GDP 晋升激励制度则是促使地方政府干预房地产行业的主观因素。在两者共同的作用下，房地产行业过度投资现象普遍存在，最终使得房地产行业供给远高于市场需求，库存积压日益严重。政府审计是我国重要的监督控制系统，通过对诱发房地产行业盲目扩张的制度的合理性进行审计、对地方官员的不当干预行为进行经济责任审计、对各省份房地产去库存实施效果进行政策落实跟踪审计可以促进各省份去库存政策的贯彻落实。

　　首先，从体制上看。引起房地产行业盲目扩张、库存积压问题的两大主要体制是财政分权制度和以 GDP 为核心的政治晋升制度。财政分权制度使地方政府的财权和事权严重分离（陈菁和李建发，2015），地方政府的财政收入难以负担各项公共支出，从而诱发土地财政以填补地方财政缺口。而以GDP 为核心的政治晋升制度是将政治权力与经济激励相结合的一种政府官员晋升制度。在这种晋升激励下，地方官员会着重进行经济建设（吴勋和王雨晨，2018），而加速房地产投资则可以在短期内实现经济增长，是地方官员实现政治晋升的重要途径（刘斌等，2018）。政府审计作为国家重要的

监督控制系统，在推进完善各项制度中应当起到重要作用。政府审计可以为去库存相关制度的修订和完善提供决策有用的信息。政府审计机关在开展审计工作时，可以快速便捷地搜集到与去库存相关的经济活动运行的基本信息，进而提供给制度制定者。此外，政府审计可以通过制度合理性审计对诱发房地产行业盲目扩产的财政分权体制和 GDP 政治晋升体制进行评估，并提出完善建议，从而协助相关部门改善当前财政分权制度和 GDP 政治晋升制度中不利于房产去库存的部分。

其次，从地方官员行为来看。政府行为只是一种表面结果，更深层次的是官员行为，政府行为其实是作为实体的官员动机的体现（周黎安，2008）。体制不合理背景下的地方官员不当行为才是导致房地产行业过度膨胀的深层次原因。在财政分权体制下，地方官员通过大量销售土地资源获取财政收入以填补财政缺口，从而使市场上的土地资源供过于求。而在 GDP 政治晋升体制下，地方官员为追求政治晋升会选择干预企业投资，通过将地方政府控制的大量生产要素低价配置给地方企业，支持企业扩张或用财政补贴吸引投资以促进经济增长，提升地区经济绩效（步丹璐等，2017），以求在政治晋升中胜出。政府审计作为重要的监督控制系统，其职责之一便是对经济权力的运行状况进行监控。政府审计可以通过对地方官员进行领导干部经济责任审计以抑制地方官员的不当行为，减少地方政府对土地要素和房地产企业投资的不当干预，进而从源头上抑制房地产行业的盲目扩张。

最后，政府审计可以通过政策落实跟踪审计直接对各省份去库存现状进行监控。供给侧结构性改革作为当前经济发展的重大宏观调控措施，其贯彻落实情况实属政府审计监控的范围，而房地产去库存作为供给侧结构性改革现阶段的五大任务之一，理应成为政府审计监控的重点之一。政府审计通过对各省份去库存政策落实情况进行跟踪审计，及时发现去库存政策实施过程中存在的问题，并促令其整改落实，从而保障去库存政策在各省份的贯彻落实。

审计署 2017 年第 2 号公告：《2016 年第四季度重大政策措施贯彻落实情况跟踪审计结果》显示，个别地区化解房地产库存进展缓慢，库存不降反升；青海省非住宅类商品房去库存周期实际测算为近 40 个月；安徽省合肥市原计划 2016 年化解非住宅类商品房库存 100 万平方米，而截至 2016 年底，比年初实际增加了 89 万平方米。可见，政府审计可以通过政策落实跟踪审计发现各省份房地产去库存中存在的不当行为，下达整改责任书促令其及时进行整改，以推进去库存在各省份的贯彻落实。

据此，提出本章第二个研究假设：

H4 - 2：政府审计功能的发挥有利于各省份去库存。

三、政府审计与各省份去杠杆

1994 年分税制改革之后，中央与地方明确了财权和事权的划分，然而"财权上收，事权下放"使得地方政府面临的财政压力越来越大。2014 年 8 月十二届全国人大常委会第十次会议审议通过的《全国人民代表大会常务委员会关于修改〈中华人民共和国预算法〉的决定》明确规定地方政府可以自行举债，地方政府债务开始逐渐膨胀，远远超过中央政府债务。关于地方政府债务的形成原因，现有研究主要从分税制改革（魏加宁，2004；韩增华，2011；龚强等，2011）、政府的"攫取之手"（郑华，2011）、工业化和城镇化（巴曙松等，2011；赵全厚，2011）、预算软约束（陈志勇和陈思霞，2014；姜子叶和胡育蓉，2016；王永钦等，2016）、土地财政（何杨和满燕云，2012；张曾莲和王艳兵，2016）、官员晋升激励（龚强等，2011；蒲丹琳和王善平，2014）等方面进行了探讨。

从现有研究可以发现，地方政府债务的形成多源于体制的不完善和政府官员的不当行为。分税制改革引起的地方政府财权和事权的不匹配，导致了地方政府财政缺口增大（李昊等，2010；龚强等，2011），地方政府只能通过举借更多的债务以满足地区经济发展和基础建设的需要。而官员晋升激励机制也同样引发了地方政府举借债务的行为。在经济分权改革的推动下，经济增长速度成为官员升迁的考核标准。地方政府官员在晋升激励下，有动力促进地方经济增长。由于上下级之间的信息不对称，地方官员倾向于通过实施投入大、规模大、难度大的"资源密集型"工程向上级政府传达积极的政绩信号，以便获得升迁机会（Guo，2009；王叙果等，2012）。在短期内作出引人注目的政绩势必需要巨额资金支持，但地方政府有限的预算难以满足这种资金需求（周雪光，2005），地方政府便通过借债的方式获取资金。《国务院关于加强审计工作的意见》指出："凡是涉及管理、分配、使用公共资金、国有资产、国有资源的部门、单位和个人，都要自觉接受审计、配合审计，不得设置障碍"。这表明，地方政府的举债行为及与之相关的资金都应当囊括在政府审计的监控范围之内。

第一，从体制上看。诱发地方政府大规模举债的两大主要体制是财政分权制度和官员晋升激励制度。财政分权制度使地方政府的财权和事权严重分离（陈菁和李建发，2015），地方政府的财政收入难以负担各项公共支出，从而通过大规模举债的方式填补地方财政缺口。官员晋升激励制度则迫使地方官员通过加速投资的方式发展地区经济并实现政治晋升，加速投资使地方政府不得不通过借债的方式以获取投资所需的资金支持。政府审计作为国家重要的监督控制系统，在推进完善各项制度中应当起到重要作用。政府审计可以为地方政府债务相关制度的修订和完善提供决策有用的信息。此外，政府审计可以通过制度合理性审计对诱发地方政府盲目举债的财政分权体制和官员晋升激励制度进行评估，并提出完善建议，协助相关部门从体制上进行改善以确保其科学合理性，从而从制度的层面为地方政府债务治理提供助力。

第二，从地方官员行为来看。体制不合理背景下的地方官员不当行为才是导致地方政府债务规模膨胀的深层次原因。政府审计作为重要的监督控制系统，其职责之一便是对经济权力的运行状况进行监控，经济责任审计已经成为当前政府审计不可或缺的方式之一。《关于 2007 年经济责任审计工作的指导意见》明确提出经济责任审计应重点关注政府财政负债的规模、结构、成因、偿还能力及风险情况，明确将地方政府债务纳入经济责任审计范围之内。此外，经济责任审计结果已经成为考核和任命领导干部的重要依据，在一定程度上也能对领导干部的不当行为产生一定威慑作用，从而约束地方政府官员的举债行为。

第三，政府审计可以通过政策落实跟踪审计直接对各地方政府债务现状进行监控。供给侧结构性改革作为当前经济发展的重大宏观调控措施，其贯彻落实情况实属政府审计监控的范围，去杠杆作为供给侧结构性改革现阶段的五大任务之一，理应成为政府审计监控的重点之一，而去杠杆在地方政府层面的表现形式便是降低地方政府债务。政府审计通过对去杠杆政策落实情况进行跟踪审计，及时发现各级政府在降低地方政府债务落实过程中存在的问题，并促令其整改落实，从而保障去杠杆政策在各省份的贯彻落实。

第四，政府审计还可以通过专项审计调查对地方政府债务进行监控。审计署在2011年和2013年组织各级地方审计机关对全国地方性债务进行了专项审计，对地方政府债务的治理起到了重要推动作用。以2011年的债务审计为例来看，审计发现地方政府举债融资缺乏规范、地方政府性债务收支未纳入预算管理，债务监管不到位、部分地区和行业偿债能力弱，存在风险隐患、部分政府性债务资金未及时安排使用、部分单位违规取得和使用政府性债务资金、地方政府融资平台公司数量多、管理不规范等问题的存在。针对审计发现的问题，提出大量整改建议。有关部门正按照要求逐项制定整改措施，研究完善地方政府性债务管理制度。大规模的地方性债务审计对地方政府债务治理起到了较好的监控作用。

据此提出本章第三个研究假设：

H4 - 3：政府审计功能的发挥有利于降低地方政府债务规模。

四、政府审计与各省份降成本

供给侧结构性改革政策实施以来，各级地方政府加大了供给侧结构性改革的执行力度，在部署的供给侧结构性改革重大战略中，专门将"降成本"作为其中的一个重要环节。降成本主要在于降低实体经济企业成本，2016年8月，国务院关于降成本问题专门印发了《降低实体经济企业成本工作方案》，从合理降低企业税费负担、有效降低企业融资成本、着力降低制度性交易成本等十个方面提出了指导意见。对企业而言，成本的高低不仅取决于外在的制度设计、财政货币政策等，还和企业自身的生产技术、经营管理

等因素密切相关（中国财政科学研究院课题组，2017）。因此，实体经济降成本需要政府和企业双管齐下，形成合力。地方政府掌握着国家重要资源，拥有财政资金和各类稀缺资源的分配权，对企业降成本产生重大影响。从政府的角度来看，能有效实现的降成本应当是制度性成本（贾康，2017），如向企业征收的各类税收和行政性收费等由于政府的规章制度而必须由企业承担的部分。政府审计作为国家宏观调控的重要手段之一，理应在促进各省份降成本中发挥重要作用。政府审计可以通过对地方政府的各项规章制度的合理性进行审计、对地方官员行为进行经济责任审计、对各省份降成本政策的执行情况进行政策落实跟踪审计以保障和促进各省份降成本政策的贯彻落实。

首先，从体制上来看。各级政府制定的各类规章制度所带来的制度性成本是导致实体企业成本居高不下的重要原因之一。何静（2018）以山西省为例的研究中曾指出，政策落实"卡壳"增加企业时间成本、行政事业性收费较高增加企业经济成本、制度设计不健全增加企业管理成本。而企业的融资成本会受到财政政策和货币政策的影响，财政政策和货币政策归根到底也属于制度层面。企业面临的各类税费成本也将取决于政府对各类税种和税率的制定。可见，与企业成本负担相关的规章制度的不合理和不健全是影响降成本政策贯彻落实的重要原因。政府审计作为国家重要的监督控制系统，在推进完善各项制度中起到重要作用。政府审计可以为相关制度的修订和完善提供决策有用的信息，还可以通过制度合理性审计对致使企业高成本的规章制度进行评估，并提出整改建议，从而协助政策制定者对现有制度进行整改和完善，从制度层面降低实体经济的制度性成本。2017 年中央预算执行和其他财政收支审计发现，税收优惠政策后续管理不到位，财政部尚未建立税收优惠政策定期评估机制，部分优惠政策未覆盖到一些新能源、新材料等新兴制造业。审计指出问题后，财政部出台了税收优惠政策和定期评估机制，积极整改。可见，政府审计能够有效促进地方政府完善相关规章制度。

其次，从地方官员行为来看。大量违规收费也是导致企业成本过高的原因之一，多份审计报告均指出多地政府存在违规收费、违规征税、提前征税、违规设立收费项目等问题。政府行为的背后是官员行为（周黎安，2008）。对经济权力的运行状况进行监控是政府审计的法定职责。政府审计可以通过对地方官员进行领导干部经济责任审计以抑制地方官员的不规范行为，进而减少地方政府对企业的违规收费行为，降低企业制度性成本。

最后，政府审计可以通过政策落实跟踪审计直接对各省份企业降成本状况进行监控。供给侧结构性改革作为当前经济发展的重大宏观调控措施，其贯彻落实情况实属政府审计监控的范围，降成本作为供给侧结构性改革现阶段的重要任务之一，理应成为政府审计监控的重点。政府审计通过对各级地方政府降成本政策落实情况进行跟踪审计，及时发现在政策实施过程中存在的问题，并促令其整改落实，从而保障降成本政策在各省份的贯彻落实。

2008 年的中央预算执行和财政收支审计发现 62 个县级国税局违规向 169 户企业提前征税或多征税款 23.4 亿元；部分中央部门及所属单位违规收费 6.22 亿元等违法违纪问题的存在，并责令相关部门召开会议部署整改工作，对责任人追责，相关单位已按照审计长签署的意见予以纠正和整改。① 可见，政策落实跟踪审计可以有效推进降成本在各省份的贯彻落实。

据此，提出本章第四个研究假设：

H4 - 4：政府审计功能的发挥有利于降低各省份企业综合成本。

五、政府审计与各省份补短板

补短板强调因地制宜、因企制宜和因行业制宜，需要针对不同地区、不同行业和不同企业制定出与之适宜的方案（贾康，2017）。但对我国而言，人力资本和科技创新资本是中国经济发展中的长期短板，而科技创新能力更是当前我国经济建设面临的最大的短板（殷醒民，2016）。2016 年 4 月国务院总理李克强在清华大学和北京大学考察教育改革发展和实施创新驱动发展战略时曾提出："我国与世界发达国家在科学技术上存在差距，很大程度上

---

① 资料来源：08 年度中央预算执行和其他财政收支审计情况报告 ［EB/OL］.（2009 - 06 - 24）. http：//www. gov. cn/gzdt/2009 - 06/24/content_1349059. htm.

是基础研究特别是基础教学存在'短板'"①。可见，就现阶段而言，提高我国创新能力是实现补短板战略任务的重中之重。

创新的主体主要是企业，对地方政府而言，强调创新重在提高所辖区域内的企业创新能力。已有研究表明，融资约束带来的资金短缺是制约企业创新的一大因素（Hall and Lerner，2010；Brown et al.，2012，2013；李勇，2017；等等），尤其是对非国有企业而言。各级政府掌握着关键资源的分配，如国有银行的信贷资金配置、股票和债券发行审批、上市公司审批等（胡先勇，1998），政府对金融机构和信贷资金的行政性配给直接影响到企业的资金来源，进而影响到企业创新。而政治晋升激励下的政府不当干预则是大量国有企业创新低下的重要因素（周黎安，2008；周铭山和张倩倩，2016；程军和刘玉玉，2018；等等）。在 GDP 晋升激励下，地方官员为获得政治晋升，会希望在短期内较快地提升当地经济发展水平，相较长期效应而言，地方官员必定会更加注重短期政绩（刘航和孙早，2014；干春晖等，2015）。而创新不同于普通生产经营活动，从事创新活动需要大量资金投入，且所需周期较长，风险较高（Holmstrom，1989）。对地方官员而言，通过创新的方式达到政绩以实现晋升的可能性较低，因而，地方官员的创新积极性普遍不高，甚至会为了实现短期的政绩提升而对企业创新活动进行不当干预。政府审计作为我国政治制度的重要组成部分，是我国重要的监督控制系统，政府审计可以通过对影响企业创新的制度的合理性进行审计、对地方官员业绩和行为进行经济责任审计、对各省份补短板实施效果进行政策落实跟踪审计促进各省份创新能力的提升。

首先，从体制上看。在政府干预下的信贷资金配给体系使大量非国有企业面临严重的融资约束，而官员政治晋升制度使国有企业缺乏创新动力，两者均是制约企业创新的重要因素。政府审计作为国家治理中的一项重要制度，在推进完善各项规章制度中起到重要作用。政府审计可以为各项制度的

---

① 李克强：以改革创新精神推动高等教育发展　培养更多服务国家奉献社会的优秀人才［EB/OL］．（2016-04-16）．http：//www.gov.cn/guowuyuan/2016-04/16/content_5064881.htm．

修订和完善提供决策有用的信息。各级政府审计机关在审计实践中展开各项工作，可以快速便捷地搜集到各项经济活动运行的基本信息，进而提供给制度制定者。政府审计还可以通过制度合理性审计对制约企业创新提升的相关规章制度的合理性和有效性进行评估，进而提出完善建议，从而协助相关部门从制度上为企业创新保驾护航。

其次，从地方官员行为来看。政治晋升激励下的官员行为会直接对企业创新产生影响。在追求短期政绩的驱使下，地方官员一方面会因为缺乏创新动力，降低所辖区域内企业的创新意愿；另一方面会直接对企业创新活动进行干涉，以便在任期内快速获得政治晋升。政府审计作为重要的监督控制系统，对经济权力的运行状况进行监控是其重要职责之一。通过对地方官员和国有企业领导干部的经济责任审计抑制地方官员的短视行为，减少政府对企业创新的不当干预，从而提升企业创新意愿。

最后，从政策落实情况来看。政府审计可以通过政策落实跟踪审计直接对各省份创新落实情况进行监控。补短板作为供给侧结构性改革现阶段的五大任务之一，应当成为政府审计监控的重点，而创新作为补短板的重中之重，更应成为政府审计关注的焦点。政府审计可以通过对各省份创新政策落实情况进行跟踪审计，及时发现制约和阻碍创新政策贯彻落实的具体问题，并促令其整改落实，从而保障相关政策在各省份的贯彻落实。

北京市 2016 年预算执行和其他财政收支审计发现，对创新创业扶持机构资金支持政策整合不够。抽查中关村现代服务业试点扶持资金、创新环境与平台建设资金部分项目申报和批复情况，发现 2 项资金分别对 25 家创业服务机构安排相关支持资金 1360.24 万元。[①] 审计查出问题后，相关部分积极进行整改。政府审计功能的发挥有效地推进了各地创新政策的贯彻落实。

据此，提出本章第五个研究假设：

H4 - 5：政府审计功能的发挥有利于提升各省份创新能力。

---

①   北京市 2016 年市级预算执行和其他财政收支的审计工作报告 [EB/OL]. (2017 - 07 - 26). http：//www. audit. gov. cn/n4422011/n14158800/n14158998/c14159097/content. html.

第二节 研究设计

一、关键变量定义

1. 去产能的衡量

中华人民共和国工业和信息化部（以下简称"工信部"）自 2007 年起每年度公布各省份分行业淘汰落后和过剩产能企业名单和过剩产能数量。名单披露的内容包含各省份各年度各行业应予淘汰的落后企业名单以及相对应的落后产能数量，该数据在一定程度上能反映出各省份各年度各行业产能过剩的严重程度。本书依据该数据构建是否去产能（Cud1）对各省份去产能实施效果进行衡量。是否去产能是按照各省份过剩产能总量变动情况设置的虚拟变量。首先，将各省份各年度所有过剩行业过剩企业的过剩产能数量加总得到各省份各年度过剩产能总量；其次，根据各省份各年的过剩产能总量构建是否去产能虚拟变量，若该省份 T 期过剩产能总量低于 T－1 期过剩产能总量，则定义为去产能，是否去产能（Cud1）取值为 1，否则取值为 0。

2. 去库存的衡量

本书参考刘斌等（2017，2018）的研究，根据各省份住宅商品房待售面积构建是否去库存（Destockd1）和去库存程度（Destockr1）对各省份去库存实施效果进行衡量。若该省份 T 期住宅商品房待售面积小于 T－1 期住宅商品房待售面积，则定义为去库存，是否去库存变量（Destockd1）取值为 1，否则取值为 0。去库存程度指标则是在是否去库存指标的基础上进行设定，当是否去库存指标取值为 1 时，去库存程度（Destockr1）等于 T 期住宅商品房待售面积变动数除以 T－1 期住宅商品房待售面积，并取绝对值；若是否去库存指标取值为 0，去库存程度指标取值为 0。该指标数值越大，说明各省房产去库存程度越高。

3. 地方政府债务的衡量

地方政府债务数据的搜集和整理一直以来是相关话题实证研究的难点所

在，究其原因，主要在于地方政府债务不仅包括地方债券等地方政府的"显性"债务，还包括地方政府融资平台发行的债券等地方政府的"隐性"债务，而目前尚无规范的统计机构对地方政府债务进行系统持续的统计和发布。本书借鉴黄春元和毛捷（2015）、李升等（2016）以及毛捷和黄春元（2018）等的研究将地方政府债务分为显性债务和或有债务两类分别进行统计和整理。"显性"债务主要包括地方政府债券（或财政部代理发行的地方政府债券）和国债转贷资金；"隐性"债务主要包括国有企业债务和地方融资平台发行的城投债。具体计算方式包含以下两步：

（1）计算地方政府债务余额。

地方政府债务余额 = 地方政府债券余额 + 国债转贷资金结余 + 国有企业债务余额 + 地方城投债余额

其中：

地方政府债券余额 = 地方政府债券收入（或财政部代理发行的地方政府债券收入）− 地方政府债券还本 + 上年地方政府债券余额

国有企业债务余额 = 国有企业资产总额 × 国有企业资产负债率

地方城投债余额 = 发行的城投债金额 − 到期城投债金额 + 上年城投债余额

（2）计算人均地方政府债务。

为了降低人口规模差异对地方政府债务产生的影响，本书参考黄春元和毛捷（2015）、陈菁和李建发（2015）、陈宝东和邓晓兰（2017）等的研究对地方政府债务进行人均化处理。通过计算得到人均地方政府债务（Debt）= 地方政府债务余额/年末常住人口，该指标越大说明地方政府债务规模越大。

4. 企业综合成本的衡量

供给侧结构性改革中所提到的降成本主要在于降低企业成本，主要包括企业的税费成本、融资成本、交易成本、人工成本、能源成本和物流成本。本书参考中国财政科学研究院"降成本：我们的调查与看法"课题总结报告（2016）中对企业综合成本的衡量方式，采用各省份规模以上工业企业的主营业务成本、销售费用、管理费用、财务费用和主营业务税金及附加之

和来衡量各省份的企业综合成本（Cost1），该指标越高，说明该省份企业综合成本负担越重。

5. 创新能力的衡量

本书参考岳书敬（2008）、赵康杰和景普秋（2014）、张宏元和李晓晨（2016）等的研究用各省份当年获得的专利总量（Patentg1）衡量各省份的创新能力，该指标越大，说明该省份的创新能力越强。

6. 政府审计功能发挥的衡量

本书借鉴黄溶冰和王跃堂（2010）、李江涛（2011）以及陈丽红等（2016）等的研究，分别从审计力量、审计执行力度和审计信息披露力度三个方面来衡量政府审计功能的发挥。

一是审计力量方面。审计工作人员是审计工作的核心，是审计力量的最关键组成部分，审计人员数量的多少和质量的高低直接决定着审计力量的强弱，在审计人员质量一定的情况下，审计人员数量越多则代表审计力量越强。因此，本书选取各省份审计机关人员数量作为审计力量投入大小的衡量指标，该指标越大，说明该省份政府审计力量越强。

二是审计执行力度方面。主要包括对人的审计执行力度和对资金的审计执行力度两方面，分别采用被审计领导干部人数和审计查出主要问题金额进行衡量。被审计领导干部人数越多，表明政府审计所涉及的对象越多、范围越广，越有利于政府审计功能的发挥。审计查出的主要问题资金越多则代表政府审计机关通过监控被审计单位资金使用情况发现的违规金额、损失浪费金额以及管理不规范金额越多，表明政府审计执行力度越大。

三是审计信息披露力度方面。主要用于衡量审计机关提供审计信息的程度。本书采取审计报告和专项审计调查报告篇数作为审计信息披露力度大小的衡量指标，该指标越大，说明政府审计机关提供的审计信息越多，信息披露越充分。

二、模型设计

本书构建了模型（4-1）、模型（4-2）、模型（4-3）、模型（4-4）

以及模型（4-5）分别对本章的假设：H4-1 至 H4-5 进行实证检验。

（1）在模型（4-1）中我们参考已有研究控制了经济周期（GDP_g）（董敏杰等，2015；赵卿，2017；韩国高和迟绍祥，2018）、外贸依存度（Open）（赵静，2014；郝其荣，2017）、政府干预程度（Gov）（韩国高和胡文明，2017；韩国高和迟绍祥，2018；何欢浪和张曼，2018）、工业占比（Ind）（韩国高和胡文明，2017）、人均可支配收入（Dpi）（赵静，2014）、劳动力数量（Lab）（赵静，2014）、政府审计范围（Ascope）（刘雷等，2014）等其他可能对产能利用情况产生影响的变量。此外，本书还控制了年度和省份变量。

$$Cud1 = \alpha_0 + \alpha_1 Audit^{①} + \alpha_2 GDP\_g + \alpha_3 Open + \alpha_4 Gov + \alpha_5 Ind + \alpha_6 Dpi$$
$$+ \alpha_7 Lab + \alpha_8 Ascope + Year + Prov + \varepsilon \qquad (4-1)$$

（2）在模型（4-2）中我们参考已有研究控制了经济周期（GDP_g）（傅贻忙等，2018）、城镇化水平（Urban）（谢福泉和黄俊晖，2013；韩国高，2015；傅贻忙等，2018）、房价平均水平（Price）（谢福泉和黄俊晖，2013；傅贻忙等，2018；刘斌等，2018）、人均可支配收入（Dpi）（谢福泉和黄俊晖，2013；韩国高，2015；刘斌等，2017；傅贻忙等，2018）、政府审计范围（Ascope）（刘雷等，2014）、城市建设情况（Area）等可能对房地产库存产生影响的变量。此外，本书还控制了年度和省份变量。

$$Destockd1/Destockr1 = \beta_0 + \beta_1 Audit + \beta_2 GDP\_g + \beta_3 Urban + \beta_4 Price$$
$$+ \beta_5 Dpi + \beta_6 Ascope + \beta_7 Area + Year + Prov + \varepsilon \qquad (4-2)$$

（3）在模型（4-3）中参考已有研究对经济发展水平（GDP_a）（马海涛和任致伟，2016；黄春元和毛捷，2015；陈宝东和邓晓兰，2017）、产业结构水平（Struc）（龚强等，2011；黄春元和毛捷，2015）、城镇化水平（Urban）（巴曙松等，2011；黄春元和毛捷，2015；陈宝东和邓晓兰，2017）、外贸依存度（Open）（仲凡和杨胜刚，2016；王术华，

---

① 模型中的 Audit 分别为 Apower、Aperson、Amoney、Areport。后续模型与此相同。

2017）、城市建设情况（Area）（吴勋和王雨晨，2018）、政府审计范围（Ascope）（刘雷等，2014）等变量进行控制。此外，本书还控制了年度和省份变量。

$$Debt = \delta_0 + \delta_1 Audit + \delta_2 GDP\_a + \delta_3 Struc + \delta_4 Urban + \delta_5 Open + \delta_6 Area$$
$$+ \delta_7 Ascope + Year + Prov + \varepsilon \qquad (4-3)$$

（4）在模型（4-4）中我们控制了宏观层面的经济周期（GDP_g）、外贸依存度（Open）、政府干预程度（Gov）、政府审计范围（Ascope）和企业层面的企业规模（Size）、企业成长能力（Growth）等可能会影响企业成本的变量。此外，本书还控制了年度和省份变量。

$$Cost1 = \gamma_0 + \gamma_1 Audit + \gamma_2 GDP\_g + \gamma_3 Open + \gamma_4 Gov + \gamma_5 Size + \gamma_6 Growth$$
$$+ \gamma_7 Ascope + Year + Prov + \varepsilon \qquad (4-4)$$

（5）在模型（4-5）中参考已有研究对经济周期（GDP_g）（邵同尧和潘彦，2011；张冰，2013；赵康杰和景普秋，2014；张宏元和李晓晨，2016）、外贸依存度（Open）（岳书敬，2008；邵同尧和潘彦，2011；张宏元和李晓晨，2016；王超等，2017；李勇，2017）、外商直接投资（Fdi）（岳书敬，2008；张冰，2013；王超等，2017；李勇，2017）、教育水平（Hum）（岳书敬，2008；邵同尧和潘彦，2011；李勇，2017）、政府审计范围（Ascope）（刘雷等，2014）等变量进行控制。此外，本书还控制了年度和省份变量。

$$Patentg1 = \lambda_0 + \lambda_1 Audit + \lambda_2 GDP\_g + \lambda_3 Open + \lambda_4 Fdi + \lambda_5 Hum$$
$$+ \lambda_6 Ascope + Year + Prov + \varepsilon \qquad (4-5)$$

相关变量定义如表4-1所示。

表4-1　　　　　　　　　　　　　　**变量定义**

变量	变量符号	变量名称	度量方法
去产能	Cud1	是否去产能	T期过剩产能总量小于T-1期过剩产能总量时取值为1，否则为0

续表

变量	变量符号	变量名称	度量方法
去库存	Destockd1	是否去库存	T 期住宅商品房待售面积小于 T－1 期住宅商品房待售面积时取值为 1，否则为 0
	Destockr1	去库存程度	当是否去库存取值为 1 时，等于｜(T 期住宅商品房待售面积－T－1 期住宅商品房待售面积)/T 期住宅商品房待售面积｜；当是否去库存取值为 0 时，等于 0
去杠杆	Debt	人均地方政府债务	地方政府债务余额/年末常住人口
降成本	Cost1	企业综合成本	主营业务成本、销售费用、管理费用、财务费用和主营业务税金及附加之和的自然对数
补短板	Patentg1	创新能力	当年获得的专利总量的自然对数
政府审计	Apower	政府审计力量	地方审计机关人员数量的自然对数
	Aperson	政府审计执行力度——人员	被审计领导干部人员数量的自然对数
	Amoney	政府审计执行力度——资金	审计查出主要问题金额的自然对数
	Areport	政府审计信息披露力度	审计报告和专项审计调查报告篇数的自然对数
控制变量	GDP_g	经济周期	GDP 增速
	Open	外贸依存度	进出口总额/GDP
	Gov	政府干预程度	地方财政一般预算收入/GDP
	Ind	工业占比	工业增加值/GDP
	Dpi	人均可支配收入	城镇居民人均可支配收入
	Lab	劳动力数量	城镇单位就业人员/城镇人口
	Ascope	政府审计范围	被审计单位个数的自然对数
	Urban	城镇化水平	年末城镇人口/年末常住人口
	Price	房价平均水平	房地产开发企业商品房平均销售价格的自然对数
	Area	城市建设情况	城区面积的自然对数
	GDP_a	经济发展水平	地区人均 GDP
	Struc	产业结构水平	第二产业增加值/GDP

续表

变量	变量符号	变量名称	度量方法
控制变量	Fdi	外商直接投资	外商直接投资额/GDP
	Hum	教育水平	每 10 万人口高等学校平均在校生数的自然对数
	Size	企业规模	总资产的自然对数
	Growth	企业成长能力	(T 期主营业务收入 – T – 1 期主营业务收入)/T 期主营业务收入

三、样本选择与数据来源

1. 样本选择

2008 年的经济危机使我国经济遭受较大冲击，中央政府采取"四万亿计划""降准降息"等一系列措施加以应对，对经济社会产生重大影响。至此，学界开始对"供给管理"调控与供给侧结构性改革及"新供给经济学"的理论和实践进行研究和探讨（贾康和苏京春，2016）。本书基于现实和理论背景，选取 2008 年作为研究样本的起始年。此外，本章所使用的政府审计数据来自《中国审计年鉴》，该年鉴的出版存在一定滞后，2018 年出版的《中国审计年鉴》实为 2016 年度政府审计数据。因此，本书最终选取 2008 ~ 2016 年 31① 个省份、自治区和直辖市的面板数据作为本书的基础研究样本。一共得到 279 个（31 × 9）基础样本观测值。

其中，在政府审计与去产能效果的研究中，中华人民共和国工业与信息化部（以下简称"工信部"）公布的 2008 年淘汰落后产能企业名单中的落后产能以生产线（台）为计量单位进行统计，而后续年份（2009 年起）的淘汰落后产能企业名单中的落后产能则以落后产能数量为计量单位进行统计，两者在落后产能数据统计上不一致。因此，为保证研究数据的连续性，本书选择 2009 年为该部分研究的起始年。此外，由于工信部公布落后产能企业名单只延续至 2015 年，因此，本书选择 2015 年为该部分研究的截止

---

① 新疆建设兵团由于样本数据缺失严重，予以剔除。

年。综合起来考虑，在政府审计与各省份去产能的研究中，本书选取的研究区间为 2009～2015 年，得到 217 个（31×7）个样本观测值。

2. 数据来源

去产能相关数据来自工信部官方网站，手工整理所得；去库存相关数据来自国家统计局和《中国房地产年鉴》；地方政府债务数据中的地方政府国债转贷收入、地方政府债券收入、地方国有企业国有债务相关数据来自《中国财政年鉴》，地方城投债相关基础数据来自 WIND 数据库；补短板所使用的创新数据来自中国研究数据库（CNRDS）；政府审计相关数据均来自《中国审计年鉴》；控制变量相关数据来自国家统计局官方网站、《中国审计年鉴》《中国统计年鉴》《中国房地产年鉴》《中国财政年鉴》。

第三节　描述性统计

一、政府审计变量的描述性统计

表 4 - 2 报告的是政府审计四个变量的描述性统计结果，政府审计力量指标（Apower）均值为 222.47，这说明地方政府机关审计人员平均数量约为 222 人，最小值和最大值分别为 81 和 595，说明地方审计机关审计人员最少的为 81 人，最多的达到 595 人，各地方审计机关在审计人员数量上的差距较大。政府审计执行力度——人员指标（Aperson）均值为 1163.9，这说明被审计领导干部人数平均数量约为 1164 人，可以看出经济责任审计执行力度较大，最小值和最大值分别为 10 和 5177，也即被审计领导干部人数最少的省份为 10 人，而最大的省份为 5177 人，各省份之间差距非常大。政府审计执行力度——资金指标（Amoney）均值为 1733.3，这说明地方审计机关审计查出主要问题金额平均为 1733.3 亿元，最小值和最大值分别为 13.343 和 12794，各省份之间审计查出主要问题金额差距也非常大。政府审计信息披露力度指标（Areport）均值为 5043.1，表明地方审计机关出具的审计报告和专项审计调查报告平均数量约为 5043 篇，最小值和最大值分别

为 90 和 15703，表明出具审计报告篇数最少的地方审计机关为 90 篇，最多的地方审计机关为 15703 篇，差距非常大。

表 4 - 2　　　　　　　　　政府审计变量的描述性统计

变量	样本	均值	标准差	最小值	中位数	最大值
Apower	279	222.47	91.810	81.000	204.00	595.00
Aperson	279	1163.9	853.32	10.000	1085.0	5177.0
Amoney	279	1733.3	1958.8	13.343	1009.5	12794
Areport	279	5043.1	3448.3	90.000	442.00	15703

注：为了对政府审计原始变量进行统计分析，表 4 - 2 的描述性统计未对政府审计变量进行对数处理。

二、其他变量的描述性统计

表 4 - 3 报告了本章节除政府审计变量之外的其他变量的描述性统计结果。表 Panel A 报告的是模型（4 - 1）相关变量的描述性统计，Panel B 报告的是模型（4 - 2）至模型（4 - 5）相关变量的描述性统计。从 Panel A 可以发现，是否去产能（Cud1）均值为 0.438，表明约 43.8% 的省份当年过剩产能数量低于上年过剩产能数量，实现了去产能。政府审计力量指标（Apower）均值为 5.343，政府审计执行力度人员指标（Aperson）和金额指标（Amoney）的均值分别为 6.761 和 16.14，政府审计披露力度指标（Areport）均值为 8.198。从 Panel B 可以发现，去库存两个指标是否去库存（Destockd1）的均值为 0.272，这表明约 27.2% 的省份当年住宅商品房待售面积低于上年，实现了去库存；去库存程度（Destockr1）均值为 0.042，表明各省份住宅商品房待售面积下降程度约为 4.2%，最小值和最大值分别为 0 和 0.626，各省份住宅商品房下降程度存在较大差异。人均地方政府债务指标（Debt）均值为 3.083，地方政府债务规模较大，最小值和最大值分别为 0.086 和 21.25，各省份间差距较大。各省份企业综合成本（Cost1）均值为 18.73，最小值和最大值分别为 12.93 和 21.11，各省份之间企业综合成本存在一定差异。各省份专利获得数量（Patentg1）均值为 9.238，最小值

和最大值分别为 4.277 和 12.45，各省份之间获得的专利数量存在一定差异。

表 4 – 3　　　　　　　　　其他变量的描述性统计

Panel A 政府审计与去产能相关变量的描述性统计

变量	样本	均值	标准差	最小值	中位数	最大值
Cud1	194	0.438	0.497	0.000	0.000	1.000
Apower	217	5.343	0.364	4.522	5.328	6.384
Aperson	217	6.761	0.790	5.153	6.989	7.781
Amoney	217	16.14	1.108	13.26	16.16	18.32
Areport	217	8.198	0.981	5.165	8.438	9.539
GDP_g	217	0.116	0.057	0.001	0.107	0.223
Open	217	0.007	0.008	0.001	0.003	0.035
Gov	217	0.107	0.030	0.062	0.103	0.195
Ind	217	0.391	0.098	0.075	0.418	0.518
Dpi	217	2.295	0.736	1.257	2.223	4.884
Lab	217	0.226	0.055	0.151	0.212	0.407
Ascope	217	8.127	0.983	4.277	8.373	9.539

Panel B 政府审计与去库存、去杠杆、降成本、补短板相关变量的描述性统计

变量	样本	均值	标准差	最小值	中位数	最大值
Destockd1	279	0.272	0.446	0.000	0.000	1.000
Destockr1	279	0.042	0.098	0.000	0.000	0.626
Debt	279	3.083	3.558	0.086	1.806	21.25
Cost1	279	18.73	1.449	12.93	18.98	21.11
Patentg1	279	9.238	1.705	4.277	9.372	12.45
Apower	279	5.334	0.369	4.394	5.318	6.389
Aperson	279	6.718	0.972	2.303	6.989	8.540
Amoney	279	16.11	1.154	11.80	16.13	18.67
Areport	279	8.178	0.994	4.500	8.396	9.662
GDP_g	279	0.119	0.063	– 0.254	0.110	0.280
Urban	279	0.532	0.141	0.219	0.515	0.896

续表

Panel B 政府审计与去库存、去杠杆、降成本、补短板相关变量的描述性统计

变量	样本	均值	标准差	最小值	中位数	最大值
Price	279	8.529	0.484	7.580	8.463	10.22
Dpi	279	2.312	0.835	1.097	2.231	5.769
Area	279	8.298	0.957	5.687	8.412	10.02
Ascope	279	8.119	0.982	4.263	8.386	9.539
GDP_a	279	1.307	0.511	-0.015	1.301	2.470
Struc	279	0.463	0.083	0.193	0.484	0.590
Open	279	0.007	0.008	0.001	0.003	0.037
Gov	279	0.106	0.031	0.056	0.099	0.227
Size	279	18.88	1.099	14.62	19.02	20.86
Growth	279	0.140	0.132	-0.337	0.123	0.467
Fdi	279	0.008	0.010	0.001	0.004	0.092
Hum	279	7.730	0.339	6.876	7.704	8.817
Ascope	279	8.119	0.982	4.263	8.386	9.539

注：由于部分省份部分年度无过剩产能，予以剔除，因此总体样本为217个，而是否去产能指标的构建为T期与T-1期的变动值，因此该指标整体缺少2009年数据，该指标样本为194个。

第四节　实证结果分析

一、政府审计功能的发挥对各省份去产能产生的影响

1. 回归结果分析

表4-4报告了政府审计与各省份去产能的回归结果，被解释变量为是否去产能（Cud1）。列（1）至列（4）分别是以政府审计力量（Apower）、政府审计执行力度（Aperson、Amoney）和政府审计信息披露力度（Areport）为解释变量的回归结果。从列（1）列（2）和列（4）的结果可以看出，政府审计力量（Apower）、经济责任审计执行力度（Aperson）的系数

均在 10% 水平上显著为正，政府审计信息披露力度（Areport）的系数在 5% 水平上显著为正，而列（3）中的审计查出主要问题金额（Amoney）的系数虽不显著，但系数仍为正。这表明，政府审计投入力量越大、经济责任审计执行力度越大、政府审计信息披露力度越大，各省份去产能概率越高。初步验证了本章的 H4 - 1，即政府审计功能的发挥有利于各省份去产能。

表 4 - 4　　　　　　　　　政府审计与各省份去产能

变量	被解释变量：是否去产能（Cud1）			
	(1)	(2)	(3)	(4)
Apower	3. 520 * (1. 65)			
Aperson		2. 455 * (1. 69)		
Amoney			0. 675 (0. 90)	
Areport				3. 898 ** (2. 17)
GDP_g	1. 300 (0. 08)	5. 215 (0. 29)	5. 633 (0. 33)	4. 750 (0. 25)
Open	384. 562 (0. 98)	340. 547 (0. 90)	354. 372 (0. 87)	347. 116 (0. 94)
Gov	57. 612 (1. 48)	47. 697 (1. 48)	40. 620 (1. 07)	45. 945 (1. 44)
Ind	- 37. 480 * (- 1. 65)	- 34. 064 ** (- 2. 01)	- 32. 191 (- 1. 50)	- 32. 082 * (- 1. 88)
Dpi	3. 565 (0. 92)	3. 073 (0. 75)	3. 473 (0. 88)	3. 974 (0. 95)
Lab	25. 915 (1. 40)	22. 448 (0. 94)	22. 346 (1. 22)	21. 831 (0. 88)

续表

变量	被解释变量：是否去产能（Cud1）			
	（1）	（2）	（3）	（4）
Ascope	0.820 （0.67）	−1.293 （−0.78）	0.140 （0.11）	−2.825 （−1.43）
_cons	−78.916 （−0.00）	−51.100 （−0.00）	−54.918 （−0.00）	−56.426 （−0.00）
年度	YES	YES	YES	YES
省份	YES	YES	YES	YES
N	164	164	164	164
PseudoR^2	0.458	0.459	0.449	0.461

注：***、**、*分别表示在1%、5%和10%水平上显著，下同。

2. 进一步分析

（1）政府审计与各省份去产能程度。为了进一步考察政府审计对各省份去产能产生的影响，本书在是否去产能的基础上构建去产能程度（Cur1）指标进一步衡量各省份去产能实施情况。当是否去产能指标（Cud1）取值为1时，去产能程度等于T期与T−1期过剩产能总量之差的绝对值除以T期过剩产能总量；当是否去产能取值为0时，去产能程度等于0。该指标用于反映该省份去产能政策的实施程度，该指标越大，说明该省份当年过剩产能总量较上年下降越多，该省份去产能实施效果越好。表4−5报告了政府审计与各省份去产能程度的多元回归结果，被解释变量为去产能程度（Cur1）。列（1）至列（3）分别是以政府审计力量（Apower）、经济责任审计力度（Aperson）和政府审计信息披露力度（Areport）为解释变量的回归结果。从回归结果可以看出，政府审计力量（Apower）、经济责任审计力度（Aperson）和政府审计信息披露力度（Areport）的系数分别在5%、10%和5%水平上显著为正。这表明，政府审计投入力量越大、经济责任审计执行力度越大、政府审计信息披露力度越大，各省份过剩产能下降程度越高，去产能实施效果越好。

表4－5　　　　　　　　　　　政府审计与各省份去产能程度

变量	被解释变量：去产能程度（Curl）		
	（1）	（2）	（3）
Apower	0.347 ** （2.16）		
Aperson		0.160 * （1.68）	
Areport			0.310 ** （2.40）
GDP_g	－0.120 （－0.13）	0.405 （0.50）	0.595 （0.76）
Open	17.549 （0.71）	19.295 （0.86）	36.939 （1.50）
Gov	1.813 （0.63）	1.398 （0.41）	2.379 （0.65）
Ind	－3.205 *** （－2.86）	－3.344 *** （－3.46）	－3.611 *** （－3.67）
Dpi	0.285 （1.15）	0.251 （0.94）	0.292 （1.11）
Lab	0.824 （0.65）	0.592 （0.50）	0.819 （0.70）
Ascope	0.028 （0.27）	－0.178 （－1.37）	－0.309 ** （－2.08）
_cons	－3.423 * （－1.69）	－0.573 （－0.38）	－1.793 （－1.10）
年度	YES	YES	YES
省份	YES	YES	YES
N	194	194	194
AdjR^2	0.410	0.403	0.413

　　注：由于审计查出主要问题金额指标（Amoney）在主回归中不显著，在进一步分析中并未包含该指标；*** 、** 、* 分别表示在1%、5%和10%水平上显著。

（2）政府审计、国有企业规模与各省去产能。国有企业经济占我国国民经济的比重较高，是市场经济的重要组成部分，是承担国家重大政策措施贯彻落实的核心主体，因此，国有企业一直以来是政府审计的重要对象之一。国有企业数量越多、规模越大的地区，政府审计介入的对象越多，投入的力量越大，进而越有利于政府审计功能的发挥。因此，本书进一步考察了政府审计对去产能产生的影响在不同国有企业规模的地区是否存在差异。按照各地区国有企业资产占全国国有企业资产的比重的中位数将全样本分为国有企业规模较高组和国有企业规模较低组进行分组检验。

表4-6报告了分组检验的回归结果，列（1）至列（3）报告的是国有企业规模较高组的回归结果，列（4）至列（6）报告的是国有企业规模较低组的回归结果。从回归结果可知，政府审计指标（Apower、Aperson、Areport）的系数只在国有企业规模较高的组别显著为正，这表明在国有企业规模较大的地区，政府审计的功能发挥越好，越能促进地方政府去产能。

表4-6　　　　　　　　政府审计、国有企业规模与各省份去产能

变量	被解释变量：是否去产能（Cud1）			被解释变量：是否去产能（Cud1）		
	高国有企业规模组			低国有企业规模组		
	（1）	（2）	（3）	（4）	（5）	（6）
Apower	21.659 ** (2.08)			-22.114 (-1.32)		
Aperson		8.436 * (1.81)			1.217 (0.57)	
Areport			10.221 * (1.83)			7.731 (1.21)
GDP_g	83.050 (1.49)	94.971 ** (2.01)	85.290 ** (1.96)	79.272 (1.47)	54.552 (1.26)	48.538 (1.12)
Open	3313.907 ** (2.34)	3670.061 ** (2.38)	2819.619 ** (2.36)	-7.3e+03 (-1.58)	-2.1e+03 ** (-1.98)	-2.1e+03 * (-1.88)

续表

变量	被解释变量：是否去产能（Cud1）			被解释变量：是否去产能（Cud1）		
	高国有企业规模组			低国有企业规模组		
	(1)	(2)	(3)	(4)	(5)	(6)
Gov	525.724 ** (2.46)	357.041 ** (2.13)	311.939 ** (1.99)	−137.045 (−0.58)	0.366 (0.00)	13.525 (0.16)
Ind	−103.557 * (−1.89)	−42.606 (−1.34)	−43.184 (−1.30)	−0.216 (−0.00)	−36.976 (−0.62)	−53.080 (−0.71)
Dpi	1.885 (0.28)	2.734 (0.44)	3.632 (0.56)	−40.694 (−0.97)	4.791 (0.39)	9.515 (0.65)
Lab	99.316 ** (2.43)	80.895 ** (2.28)	63.689 ** (2.06)	−66.791 (−0.62)	47.254 (0.59)	108.120 (0.95)
Ascope	3.689 (1.45)	−2.618 (−0.65)	2.939 (0.42)	1.622 (0.24)	2.022 (0.38)	2.939 (0.42)
_cons	−413.255 (−0.00)	−272.544 (−0.00)	−266.760 (−0.00)	181.854 (0.03)	−66.765 (−0.00)	−150.886 (−0.01)
年度	YES	YES	YES	YES	YES	YES
省份	YES	YES	YES	YES	YES	YES
N	76	76	76	81	81	81
PseudoR^2	0.554	0.504	0.478	0.685	0.634	0.650

注：*** 、** 、* 分别表示在1%、5%和10%水平上显著。

3. 稳健性检验

前面使用的政府审计变量采用的是绝对数指标，而绝对数指标的一大缺陷是可能会受到地区差异带来的影响，因此，本书使用相对数指标对政府审计变量进行再衡量，以去规模化的方式消除不同地区间的差异。具体而言，用审计机关人员数量与公共管理和社会组织城镇单位就业人员数量之比作为政府审计力量的再衡量（Apower_r）、用被审计领导干部人员数量与公共管理和社会组织城镇单位就业人员数量之比作为政府审计执行力度——人员的再衡量（Aperson_r）、用审计报告和专项审计调查报告篇数与被审计单位数

之比作为政府审计信息披露力度的再衡量（Areport_r）。表4-7报告了替换政府审计变量之后的回归结果。从回归结果可知，政府审计相对数指标（Apower_r、Aperson_r、Areport_r）的系数均为正，其中 Apower_r 和 Areport_r 的系数分别在5%和10%的水平上显著为正，与前面结果基本一致。

表4-7　　　　政府审计与各省份去产能——政府审计相对数指标

变量	被解释变量：是否去产能（Cud1）		
	(1)	(2)	(3)
Apower_r	1.094 ** (2.47)		
Aperson_r		0.024 (0.50)	
Areport_r			31.449 * (1.72)
GDP_g	4.821 (0.28)	2.601 (0.16)	4.440 (0.26)
Open	620.323 (1.43)	244.932 (0.64)	343.912 (0.85)
Gov	64.189 (1.62)	43.143 (1.15)	45.635 (1.23)
Ind	-41.702 * (-1.75)	-29.569 (-1.41)	-31.776 (-1.48)
Dpi	4.035 (1.03)	3.226 (0.81)	4.028 (0.97)
Lab	25.902 (1.38)	21.246 (1.16)	21.922 (1.16)
Ascope	0.997 (0.79)	0.307 (0.24)	1.086 (0.84)
_cons	-83.664 (-0.00)	-44.051 (-0.00)	-88.215 (-0.00)

续表

变量	被解释变量：是否去产能（Cud1）		
	（1）	（2）	（3）
年度	YES	YES	YES
省份	YES	YES	YES
N	164	164	164
PseudoR^2	0.478	0.446	0.460

注：*** 、** 、* 分别表示在1%、5%和10%水平上显著。

二、政府审计功能的发挥对各省份去库存产生的影响

回归结果分析

表4-8报告了政府审计与各省份去库存的回归结果，列（1）至列（4）是以是否去库存（Destockd1）为被解释变量的回归结果，列（5）至列（8）是以去库存程度（Destockr1）为被解释变量的回归结果。从列（1）至列（8）的结果可以看出，政府审计指标（Apower、Aperson、Amoney、Areport）与是否去库存（Destockd1）和去库存程度（Destockr1）的回归系数均不显著。此外，本书还将政府审计指标全部滞后一期进行检验，结果显示政府审计指标与去库存两个指标的回归系数仍不显著。这表明，政府审计在促进各省份去库存中的功能尚未显现，H4-2并未得到验证。

表4-8   政府审计与各省份去库存

变量	被解释变量：是否去库存（Destockd1）				被解释变量：去库存程度（Destockr1）			
	（1）	（2）	（3）	（4）	（5）	（6）	（7）	（8）
Apower	0.977 (0.45)				-0.001 (-0.02)			
Aperson		-0.667 (-0.91)				0.002 (0.11)		
Amoney			1.097 (1.59)				0.020 (1.49)	

续表

变量	被解释变量：是否去库存（Destockd1）				被解释变量：去库存程度（Destockrl）			
	（1）	（2）	（3）	（4）	（5）	（6）	（7）	（8）
Areport				0.064 (0.06)				0.026 (0.86)
GDP_g	10.852* (1.80)	10.567* (1.75)	11.270** (2.18)	10.879* (1.82)	0.420** (2.16)	0.422** (2.17)	0.425** (2.20)	0.416** (2.15)
Urban	−2.435 (−0.15)	−5.505 (−0.34)	−8.676 (−0.45)	−2.405 (−0.14)	0.108 (0.21)	0.120 (0.23)	0.016 (0.03)	0.251 (0.47)
Price	1.509 (0.57)	1.753 (0.67)	2.059 (0.69)	1.675 (0.64)	0.053 (0.70)	0.053 (0.70)	0.056 (0.74)	0.055 (0.73)
Dpi	−0.934 (−0.70)	−1.212 (−0.91)	−0.656 (−0.44)	−1.032 (−0.77)	−0.013 (−0.33)	−0.013 (−0.31)	−0.012 (−0.31)	−0.005 (−0.12)
Ascope	−1.523* (−1.74)	−1.270 (−1.38)	−1.734** (−2.54)	−1.607* (−1.72)	−0.019 (−0.99)	−0.021 (−0.86)	−0.028 (−1.38)	−0.037 (−1.31)
Invest	−1.964** (−2.24)	−1.754* (−1.95)	−1.805*** (−2.61)	−1.951** (−2.21)	−0.083*** (−2.98)	−0.084*** (−2.92)	−0.083*** (−3.00)	−0.084*** (−3.03)
_cons	5.941 (0.19)	13.604 (0.48)	−5.830 (−0.16)	10.839 (0.36)	0.165 (0.18)	0.152 (0.18)	−0.060 (−0.07)	−0.045 (−0.05)
年度	YES	YES	YES	YES	YES	YES	YES	YES
省份	YES	YES	YES	YES	YES	YES	YES	YES
N	270	270	270	270	279	279	279	279
PseudoR²/ AdjR²	0.413	0.415	0.424	0.412	0.196	0.196	0.204	0.199

注：***、**、*分别表示在1%、5%和10%水平上显著。

三、政府审计功能的发挥对各省份去杠杆产生的影响

1. 回归结果分析

表4 – 9 报告了政府审计与地方政府债务的回归结果，被解释变量为人均地方政府债务（Debt）。列（1）至列（4）分别是以政府审计力量（Apower）、政府审计执行力度（Aperson、Amoney）和政府审计信息披露力

度（Areport）为解释变量的回归结果。从结果可以看出，政府审计指标（Apower、Aperson、Amoney、Areport）的系数分别在1%、5%、1%和1%水平上显著为负，表明政府审计投入力量越大、经济责任审计执行力度越大、审计查出主要问题金额越大、政府审计信息披露力度越大，各省份人均地方政府债务越低，验证了本章的H4-3，即政府审计功能的发挥有利于降低地方政府债务规模。

表4-9　　　　　　　　　　　政府审计与地方政府债务

变量	被解释变量：人均地方政府债务（Debt）			
	（1）	（2）	（3）	（4）
Apower	-2.517*** （-3.25）			
Aperson		-0.789** （-2.31）		
Amoney			-0.740*** （-3.26）	
Areport				-1.788*** （-3.65）
GDP_a	2.093 （0.97）	2.668 （1.21）	0.727 （0.34）	1.818 （0.85）
Struc	-11.325** （-2.29）	-12.787** （-2.54）	-8.123 （-1.62）	-8.994* （-1.82）
Urban	-9.540 （-1.09）	-11.781 （-1.32）	-3.781 （-0.42）	-15.037* （-1.70）
Open	-218.906*** （-3.69）	-217.424*** （-3.62）	-242.816*** （-4.08）	-223.503*** （-3.79）
Area	-0.533 （-0.85）	-0.581 （-0.91）	-0.398 （-0.64）	-0.987 （-1.54）

续表

变量	被解释变量：人均地方政府债务（Debt）			
	（1）	（2）	（3）	（4）
Ascope	0.577 * （1.74）	1.234 *** （3.04）	1.031 *** （2.98）	2.055 *** （4.15）
_cons	38.879 *** （4.44）	24.578 *** （3.42）	27.888 *** （3.85）	33.990 *** （4.40）
年度	YES	YES	YES	YES
省份	YES	YES	YES	YES
N	279	279	279	279
AdjR^2	0.839	0.835	0.839	0.840

注：***、**、*分别表示在1%、5%和10%水平上显著。

2. 进一步分析

（1）政府审计的滞后效应分析。已有大量研究表明，政府审计功能的发挥具有一定滞后效应（李江涛等，2011；蔡利和马可哪呐，2014；蔡利和周微，2016）。因此，本书将进一步检验政府审计对地方政府债务产生的影响是否存在一定滞后效应，将政府审计变量分别滞后一期得到 LApower、LAperson、LAmoney、LAreport 作为解释变量进行回归分析。表4-10报告了政府审计与地方政府债务的滞后效应回归结果，从表4-10中可知，政府审计滞后一期的变量与人均地方政府债务的回归系数分别在1%、5%、10%和5%水平上显著为负，这表明，政府审计对地方政府债务的抑制作用存在一定滞后性。

表4-10　　　　　　政府审计与地方政府债务——滞后效应

变量	被解释变量：人均地方政府债务（Debt）			
	（1）	（2）	（3）	（4）
LApower	-2.497 *** （-3.09）			

续表

变量	被解释变量：人均地方政府债务（Debt）			
	(1)	(2)	(3)	(4)
LAperson		−0.634 ** (−2.18)		
LAmoney			−0.414 * (−1.79)	
LAreport				−0.752 ** (−2.18)
GDP_a	2.567 (1.06)	3.560 (1.44)	2.132 (0.86)	3.077 (1.26)
Struc	−12.105 ** (−2.13)	−14.649 ** (−2.54)	−12.288 ** (−2.12)	−12.824 ** (−2.23)
Urban	−11.669 (−1.14)	−16.366 (−1.58)	−11.005 (−1.05)	−17.283 * (−1.66)
Open	−194.958 *** (−2.99)	−184.395 *** (−2.79)	−192.808 *** (−2.91)	−183.420 *** (−2.77)
Area	−0.833 (−1.21)	−0.418 (−0.60)	−0.555 (−0.80)	−0.575 (−0.83)
Ascope	0.731 ** (2.13)	0.809 ** (2.31)	0.761 ** (2.18)	0.765 ** (2.20)
_cons	41.794 *** (4.41)	28.470 *** (3.49)	32.346 *** (3.67)	33.794 *** (3.82)
年度	YES	YES	YES	YES
省份	YES	YES	YES	YES
N	248	248	248	248
AdjR^2	0.849	0.846	0.844	0.846

注：***、**、*分别表示在1%、5%和10%水平上显著。

（2）GDP 晋升压力的分组检验。在前面的理论分析中已经提到，GDP 晋升压力下的官员不当行为是引起地方政府债务膨胀的重要影响因素之一

（龚强等，2011；蒲丹琳和完善平，2014）。在 GDP 晋升压力越大的地区，地方官员为通过快速投资实现政治晋升而举借的债务越多，客观来讲，政府审计实施的范围越广、投入的力量越大，从而更有利于政府审计功能的发挥。因此，本书进一步考察了政府审计对地方政府债务产生的影响在不同 GDP 晋升压力下是否存在差异。本书参考赵焱和李开颜（2016）的研究采用下年实际 GDP 增长率作为当年 GDP 晋升压力的衡量指标，按照其中位数大小将全样本分为高 GDP 晋升压力组别和低 GDP 晋升压力组别进行分组检验。

表 4 - 11 报告了分组检验的回归结果，列（1）至列（4）报告的是 GDP 晋升压力较高组的回归结果，列（5）至列（8）报告的是 GDP 晋升压力较低组的回归结果。从回归结果可知，政府审计指标（Apower、Amoney、Areport）的系数只在 GDP 晋升压力较高的组显著为负，经济责任审计指标（Aperson）的系数虽不显著，但仍为负，这表明在 GDP 晋升压力较大的地区，政府审计功能发挥越好，越能降低地方政府债务。

表 4 - 11　　　　　　政府审计、GDP 晋升压力与地方政府债务

变量	被解释变量：人均地方政府债务（Debt）				被解释变量：人均地方政府债务（Debt）			
	GDP 晋升压力较高组				GDP 晋升压力较低组			
	(1)	(2)	(3)	(4)	(5)	(6)	(7)	(8)
Apower	-5.101*** (-2.76)				0.239 (0.50)			
Aperson		-0.412 (-0.60)				0.044 (0.19)		
Amoney			-0.832** (-2.07)				0.078 (0.50)	
Areport				-1.530* (-1.75)				-0.371 (-0.75)
GDP_a	8.744** (2.25)	8.556** (2.09)	6.919* (1.74)	7.555* (1.90)	-4.144** (-2.55)	-4.203** (-2.44)	-3.966** (-2.41)	-3.796** (-2.27)
Struc	-28.293*** (-3.28)	-30.412*** (-3.36)	-24.453*** (-2.68)	-24.112** (-2.58)	14.914*** (3.82)	14.825*** (3.76)	14.668*** (3.78)	14.091*** (3.56)

续表

变量	被解释变量：人均地方政府债务（Debt）				被解释变量：人均地方政府债务（Debt）			
	GDP 晋升压力较高组				GDP 晋升压力较低组			
	(1)	(2)	(3)	(4)	(5)	(6)	(7)	(8)
Urban	−6.929 (−0.47)	−5.987 (−0.39)	−0.733 (−0.05)	−6.165 (−0.41)	−14.516* (−1.80)	−13.548* (−1.68)	−14.497* (−1.80)	−14.709* (−1.84)
Open	−399.921*** (−3.73)	−409.360*** (−3.68)	−384.590*** (−3.50)	−424.563*** (−3.86)	−308.303*** (−6.54)	−311.141*** (−6.37)	−306.094*** (−6.45)	−303.683*** (−6.38)
Area	−2.712*** (−2.94)	−2.737*** (−2.82)	−2.440** (−2.59)	−2.996*** (−3.11)	0.069 (0.12)	0.065 (0.11)	0.100 (0.17)	−0.064 (−0.11)
Ascope	1.617*** (2.70)	2.367*** (3.64)	2.342*** (4.07)	3.102*** (4.00)	−0.058 (−0.26)	−0.097 (−0.32)	−0.118 (−0.47)	0.296 (0.57)
_cons	60.177*** (3.38)	25.654** (2.01)	30.281** (2.43)	31.880** (2.45)	32.987*** (4.83)	33.973*** (5.16)	33.046*** (4.86)	35.459*** (5.15)
年度	YES	YES	YES	YES	YES	YES	YES	YES
省份	YES	YES	YES	YES	YES	YES	YES	YES
N	139	139	139	139	140	140	140	140
AdjR^2	0.774	0.757	0.767	0.764	0.971	0.971	0.971	0.971

注：***、**、*分别表示在1%、5%和10%水平上显著。

3. 稳健性检验

（1）替换政府审计变量。前面使用的政府审计变量采用的是绝对数指标，而绝对数指标的一大缺陷是可能会受到地区差异带来的影响，因此，本书使用相对数指标对政府审计变量进行再衡量，以去规模化的方式消除不同地区间的差异。具体而言，用审计机关人员数量与公共管理和社会组织城镇单位就业人员数量之比作为政府审计力量的再衡量（Apower_r）、用被审计领导干部人员数量与公共管理和社会组织城镇单位就业人员数量之比作为政府审计执行力度——人员的再衡量（Aperson_r）、用审计查出主要问题金额与预算财政收入和预算财政支出之和之比作为审计执行力度——资金的再衡量（Amoney_r）、用审计报告和专项审计调查报告篇数与被审计单位数之比作为政府审计信息披露力度的再衡量（Areport_r）。表 4 - 12 报告了替换政府审计变量之后的回归结果。从回归结果可知，政府审计相对数指标（Apower_r、Aperson_r、Amoney_r、Areport_r）的系数均显著为负，与前面回归结果一致。

表 4 – 12　　　　政府审计与地方政府债务——政府审计相对指标

变量	被解释变量：人均地方政府债务（Debt）			
	（1）	（2）	（3）	（4）
Apower_r	− 0. 491 *** （ − 4. 44）			
Aperson_r		− 0. 037 ** （ − 2. 42）		
Amoney_r			− 1. 923 *** （ − 3. 00）	
Areport_r				− 11. 425 *** （ − 3. 33）
GDP_a	1. 953 （0. 93）	2. 468 （1. 13）	0. 521 （0. 24）	1. 836 （0. 86）
Struc	− 12. 843 *** （ − 2. 64）	− 12. 708 ** （ − 2. 53）	− 10. 596 ** （ − 2. 14）	− 8. 226 （ − 1. 64）
Urban	− 3. 227 （ − 0. 37）	− 11. 187 （ − 1. 26）	− 2. 952 （ − 0. 33）	− 15. 481 * （ − 1. 74）
Open	− 234. 457 *** （ − 4. 03）	− 230. 927 *** （ − 3. 85）	− 227. 789 *** （ − 3. 83）	− 219. 307 *** （ − 3. 70）
Area	− 0. 800 （ − 1. 29）	− 0. 629 （ − 0. 99）	− 0. 661 （ − 1. 05）	− 0. 819 （ − 1. 29）
Ascope	0. 519 （1. 59）	1. 211 *** （3. 07）	1. 216 *** （3. 26）	0. 229 （0. 64）
_cons	28. 881 *** （4. 09）	21. 353 *** （3. 02）	17. 839 ** （2. 49）	44. 162 *** （4. 55）
年度	YES	YES	YES	YES
省份	YES	YES	YES	YES
N	279	279	279	279
AdjR^2	0. 844	0. 835	0. 838	0. 839

（2）替换地方政府债务变量。地方政府债券余额、国债转贷资金结余和地方城投债余额形成的地方政府债务主要用于基础设施建设、改善民生和防范风险等（毛捷和黄春元，2018），而国有企业债务主要用于国有企业的发展，与上述三类债务类型有明显差异。因此，本书将剔除国有企业债务之后的剩余人均地方政府债务（Debt_l）作为被解释变量进行再检验。表 4-13 报告了替换地方政府债务变量之后的回归结果，政府审计变量（Apower、Aperson、Amoney、Areport）的系数均显著为负，与前面研究结论保持一致。

表 4-13　　　政府审计与地方政府债务——剔除国有企业债务

变量	被解释变量：剔除国企债后的人均地方政府债务（Debt_l）			
	（1）	（2）	（3）	（4）
Apower	-0.139* （-1.68）			
Aperson		-0.071* （-1.82）		
Amoney			-0.061** （-2.28）	
Areport				-0.181*** （-3.00）
GDP_a	0.560* （1.90）	0.622** （2.07）	0.461* （1.83）	0.655*** （2.61）
Struc	-1.295 （-1.61）	-1.443* （-1.77）	-1.115* （-1.95）	-1.298** （-2.30）
Urban	-2.374** （-1.99）	-2.512** （-2.09）	-1.780* （-1.73）	-3.009*** （-2.99）
Open	-30.265*** （-2.74）	-30.424*** （-2.82）	-32.413*** （-4.54）	-30.782*** （-4.37）

续表

变量	被解释变量：剔除国企债后的人均地方政府债务（Debt_l）			
	（1）	（2）	（3）	（4）
Area	0.072 (1.48)	0.063 (1.23)	0.070 (0.94)	0.007 (0.09)
Ascope	0.040 (0.93)	0.093* (1.83)	0.075* (1.74)	0.189*** (2.99)
_cons	2.427** (2.36)	1.715* (1.76)	1.996** (2.36)	2.756*** (3.02)
年度	YES	YES	YES	YES
省份	YES	YES	YES	YES
N	279	279	279	279
AdjR^2	0.724	0.724	0.727	0.731

注：***、**、*分别表示在1%、5%和10%水平上显著。

（3）全国地方性政府债务审计前后分组检验。2011年，审计署首次对全国31个省区市的地方政府性债务进行审计，对地方政府债务产生重大影响。基于此，本书以2011年为分界线，将全样本分为全国债务审计前子样本（2008～2010年）和全国债务审计后子样本（2011～2016年）进行分组检验。表4－14报告了分组检验的回归结果，列（1）至列（4）报告的是全国债务审计前的回归结果，列（5）至列（8）报告的是全国债务审计后的回归结果。从回归结果可知，政府审计指标（Aperson、Amoney、Areport）的系数只在全国债务审计后的子样本中显著为负，而政府审计力量指标（Apower）的系数虽不显著，但仍为负，这表明在实施全国债务审计之后，政府审计功能的发挥能有效降低地方政府债务规模。在全国债务审计前，政府审计对地方政府债务的关注不够，使得此阶段政府审计的功能未能体现。而全国债务审计的实施对地方政府债务产生重大影响，使地方政府债务逐渐成为政府审计的工作重心，政府审计在此阶段的功能得到很好的发挥，从而有效降低了地方政府债务规模。

表 4 - 14　　　　政府审计与地方政府债务——地方政府债务审计前后

变量	被解释变量：地方政府债务（Debt）				被解释变量：地方政府债务（Debt）			
	全国债务审计前：子样本（2008~2010）				全国债务审计后：子样本（2011~2016）			
	(1)	(2)	(3)	(4)	(5)	(6)	(7)	(8)
Apower	0.261 (0.08)				-0.536 (-1.41)			
Aperson		0.511 (0.72)				-0.869 *** (-3.11)		
Amoney			-0.753 (-1.07)				-0.297 ** (-2.04)	
Areport				0.228 (0.26)				-1.255 *** (-2.77)
GDP_a	4.993 (0.82)	4.212 (0.69)	2.290 (0.33)	4.598 (0.73)	3.916 * (1.91)	4.820 *** (2.99)	3.572 ** (2.22)	4.323 *** (2.70)
Struc	-8.913 (-0.50)	-5.203 (-0.28)	-1.708 (-0.12)	-8.617 (-0.49)	-2.972 (-0.55)	-2.964 (-0.77)	-2.009 (-0.51)	-1.709 (-0.44)
Urban	21.653 (0.91)	21.977 (0.94)	18.583 (0.86)	22.297 (0.94)	-25.526 ** (-2.36)	-29.645 *** (-3.38)	-22.958 ** (-2.54)	-30.602 *** (-3.45)
Open	-192.836 (-1.14)	-200.511 (-1.19)	-200.025 (-1.25)	-193.304 (-1.15)	-144.441 ** (-2.06)	-125.240 *** (-2.80)	-150.147 *** (-3.29)	-129.907 *** (-2.89)
Area	-6.557 *** (-3.53)	-6.604 *** (-3.57)	-6.887 (-1.28)	-6.587 *** (-3.54)	0.637 (1.48)	0.383 (0.86)	0.568 (1.28)	0.238 (0.51)
Ascope	3.845 ** (2.49)	3.451 ** (2.15)	3.731 (0.90)	3.789 ** (2.47)	-0.000 (-0.00)	0.592 ** (2.20)	0.188 (0.87)	1.132 ** (2.52)
_cons	18.745 (0.49)	21.138 (0.67)	41.875 (1.12)	19.641 (0.62)	29.859 *** (3.72)	29.670 *** (4.71)	29.540 *** (4.42)	31.509 *** (4.84)
年度	YES	YES	YES	YES	YES	YES	YES	YES
省份	YES	YES	YES	YES	YES	YES	YES	YES
N	93	93	93	93	186	186	186	186
AdjR^2	0.649	0.653	0.663	0.650	0.965	0.967	0.966	0.966

注：*** 、** 、* 分别表示在 1%、5% 和 10% 水平上显著。

四、政府审计功能的发挥对各省份降成本产生的影响

1. 回归结果分析

表 4 - 15 报告了政府审计与各省份企业综合成本的回归结果，被解释变

量为各省份规模以上工业企业综合成本负担（Cost1）。列（1）至列（4）是政府审计当期变量的回归结果，列（5）至列（8）是将政府审计变量滞后一期的回归结果。从回归结果可以看出，政府审计当期指标（Apower、Aperson、Amoney、Areport）和滞后一期指标（LApower、LAperson、LAmoney、LAreport）的系数均不显著。这表明，政府审计并未降低各省份企业综合成本，也即政府审计在促进各省份降成本中的作用尚未显现，H4 – 4 并未得到验证。

表 4 – 15　　　　　　　　　政府审计与各省份企业综合成本

变量	被解释变量：综合成本（Cost1）				被解释变量：综合成本（Cost1）			
	当期				滞后一期			
	(1)	(2)	(3)	(4)	(5)	(6)	(7)	(8)
Apower	0.002 (0.04)							
Aperson		– 0.025 (– 1.22)						
Amoney			– 0.006 (– 0.40)					
Areport				0.030 (1.08)				
LApower					0.015 (0.33)			
LAperson						– 0.005 (– 0.30)		
LAmoney							0.001 (0.11)	
LAreport								0.018 (0.95)

续表

变量	被解释变量：综合成本（Cost1）				被解释变量：综合成本（Cost1）			
	当期				滞后一期			
	(1)	(2)	(3)	(4)	(5)	(6)	(7)	(8)
GDP_g	1.027 *** (4.19)	1.035 *** (4.25)	1.025 *** (4.19)	1.032 *** (4.23)	0.884 *** (3.65)	0.880 *** (3.63)	0.886 *** (3.63)	0.886 *** (3.66)
Open	8.841 ** (2.49)	9.091 ** (2.57)	8.701 ** (2.44)	9.106 ** (2.57)	6.661 * (1.91)	6.714 * (1.92)	6.648 * (1.91)	6.588 * (1.89)
Gov	−1.823 ** (−2.55)	−1.681 ** (−2.34)	−1.850 ** (−2.59)	−1.819 ** (−2.56)	−1.584 ** (−2.23)	−1.582 ** (−2.22)	−1.608 ** (−2.27)	−1.646 ** (−2.33)
Size	1.089 *** (16.00)	1.091 *** (16.15)	1.096 *** (15.65)	1.087 *** (16.08)	1.025 *** (14.68)	1.026 *** (14.75)	1.026 *** (14.66)	1.029 *** (14.81)
Growth	−0.084 (−0.70)	−0.093 (−0.78)	−0.086 (−0.71)	−0.086 (−0.72)	0.097 (0.82)	0.098 (0.83)	0.099 (0.84)	0.100 (0.85)
Ascope	0.024 (1.22)	0.041 * (1.71)	0.026 (1.29)	0.003 (0.10)	0.025 (1.34)	0.025 (1.36)	0.024 (1.32)	0.024 (1.30)
_cons	−2.550 ** (−2.01)	−2.583 ** (−2.07)	−2.598 ** (−2.06)	−2.571 ** (−2.06)	−1.378 (−1.05)	−1.240 (−0.91)	−1.319 (−0.97)	−1.379 (−1.02)
年度	YES	YES	YES	YES	YES	YES	YES	YES
省份	YES	YES	YES	YES	YES	YES	YES	YES
N	279	279	279	279	248	248	248	248
AdjR²	0.996	0.996	0.996	0.996	0.997	0.997	0.997	0.997

注：***、**、* 分别表示在1%、5%和10%水平上显著。

2. 稳健性检验

前面使用的各省份综合成本变量采用的是绝对数指标，绝对数指标可能导致不同地方政府将缺乏可比性，因此，本书使用相对数指标对降成本变量进行再衡量，以标准化的方式消除不同地方政府间的差异对该指标产生的影响。具体而言，采用各省份综合成本与各省份 GDP 比值（Cost1_avg）作为降成本的替代变量进行再检验。表4－16 报告了再检验的回归结果，从回归

结果可以看出，政府审计当期指标（Apower、Aperson、Amoney、Areport）和滞后一期指标（LApower、LAperson、LAmoney、LAreport）的系数均不显著，与前面研究结论保持一致。

表 4 - 16　　政府审计与各省份企业综合成本——综合成本相对数指标

变量	被解释变量：综合成本相对数（Cost1_avg）				被解释变量：综合成本相对数（Cost1_avg）			
	当期				滞后一期			
	(1)	(2)	(3)	(4)	(5)	(6)	(7)	(8)
Apower	0.038 (0.74)							
Aperson		-0.020 (-0.90)						
Amoney			-0.005 (-0.33)					
Areport				0.028 (0.93)				
LApower					0.043 (0.87)			
LAperson						-0.004 (-0.23)		
LAmoney							0.004 (0.25)	
LAreport								0.022 (1.06)
GDP_g	0.443* (1.66)	0.461* (1.73)	0.452* (1.69)	0.459* (1.72)	0.131 (0.48)	0.125 (0.46)	0.134 (0.49)	0.132 (0.49)
Open	10.899*** (2.81)	11.163*** (2.88)	10.837*** (2.78)	11.211*** (2.89)	8.886** (2.29)	8.929** (2.29)	8.851** (2.27)	8.793** (2.26)
Gov	-2.187*** (-2.80)	-2.133*** (-2.71)	-2.270*** (-2.91)	-2.242*** (-2.89)	-1.457* (-1.84)	-1.502* (-1.89)	-1.527* (-1.93)	-1.572** (-1.99)

续表

变量	被解释变量：综合成本相对数（Cost1_avg）				被解释变量：综合成本相对数（Cost1_avg）			
	当期				滞后一期			
	(1)	(2)	(3)	(4)	(5)	(6)	(7)	(8)
Size	0.836***	0.842***	0.847***	0.839***	0.785***	0.790***	0.789***	0.794***
	(11.25)	(11.39)	(11.06)	(11.34)	(10.10)	(10.18)	(10.10)	(10.24)
Growth	−0.072	−0.082	−0.075	−0.076	0.143	0.147	0.149	0.150
	(−0.55)	(−0.62)	(−0.57)	(−0.58)	(1.08)	(1.11)	(1.13)	(1.14)
Ascope	0.013	0.025	0.013	−0.009	0.018	0.019	0.017	0.017
	(0.61)	(0.95)	(0.60)	(−0.29)	(0.90)	(0.89)	(0.85)	(0.83)
_cons	−15.304***	−15.174***	−15.192***	−15.169***	−14.542***	−14.829***	−14.966***	−14.945***
	(−11.04)	(−11.09)	(−11.02)	(−11.09)	(−9.90)	(−9.77)	(−9.84)	(−9.88)
年度	YES	YES	YES	YES	YES	YES	YES	YES
省份	YES	YES	YES	YES	YES	YES	YES	YES
N	279	279	279	279	248	248	248	248
AdjR^2	0.952	0.952	0.952	0.952	0.958	0.958	0.958	0.958

注：***、**、*分别表示在1%、5%和10%水平上显著。

五、政府审计功能的发挥对各省份补短板产生的影响

1. 回归结果分析

表4-17报告了政府审计与各省份创新能力的回归结果，被解释变量为各省份专利获得总量（Patentg1）。列（1）至列（4）分别是以政府审计力量（Apower）、政府审计执行力度（Aperson、Amoney）和政府审计信息披露力度（Areport）为解释变量的回归结果。从列（2）至列（4）的回归结果可以看出，经济责任审计执行力度（Aperson）、审计查出主要问题金额（Amoney）、政府审计信息披露力度（Areport）的系数均在1%水平上显著为正，而列（1）中政府审计力量（Apower）的系数虽不显著，但系数仍为正。这表明，经济责任审计执行力度越大、审计查出主要问题金额越多、政府审计信息披露力度越大，各省份获得的专利数量越多。初步验证了本章的H4-5，即政府审计功能的发挥有利于各省份创新

能力的提升。

表 4-17 政府审计与各省创新能力

变量	被解释变量：专利获得总量（Patentg1）			
	（1）	（2）	（3）	（4）
Apower	0.256 （1.35）			
Aperson		0.472*** （3.78）		
Amoney			0.489*** （6.29）	
Areport				0.731*** （3.93）
GDP_g	3.075** （2.23）	3.094** （2.30）	3.300** （2.57）	2.681** （2.00）
Open	77.170*** （6.99）	78.639*** （8.31）	77.749*** （8.65）	79.114*** （8.40）
Fdi	-11.448* （-1.85）	-0.972 （-0.14）	-11.964** （-2.08）	-12.223** （-2.04）
Hum	1.006*** （4.88）	0.996*** （5.35）	0.683*** （3.62）	1.190*** （6.48）
Ascope	1.012*** （18.24）	0.640*** （5.46）	0.692*** （9.43）	0.304 （1.57）
_cons	-9.237*** （-6.20）	-8.101*** （-5.51）	-10.499*** （-7.47）	-9.394*** （-6.48）
年度	YES	YES	YES	YES
省份	YES	YES	YES	YES
N	279	279	279	279
AdjR^2	0.806	0.815	0.831	0.816

注：***、**、*分别表示在1%、5%和10%水平上显著。

2. 进一步分析

（1）政府审计的滞后效应分析。本书进一步检验政府审计对各省份创新能力的影响是否存在一定滞后效应，将政府审计变量分别滞后一期得到LAperson、LAmoney、LAreport 作为解释变量进行回归分析。表4 – 18 报告了政府审计与各省份创新能力的滞后效应回归结果，从表4 – 18 中可知，政府审计滞后一期的变量的系数均在1% 水平上显著为正，这表明，政府审计对各省份的创新能力的提升作用存在一定滞后性。

表 4 – 18   政府审计与各省份创新能力——滞后效应

变量	被解释变量：专利获得总量（Patentg1）		
	（1）	（2）	（3）
LAperson	0. 526 *** (5. 09)		
LAmoney		0. 521 *** (6. 63)	
LAreport			0. 607 *** (5. 20)
GDP_g	3. 672 ** (2. 58)	4. 091 *** (2. 97)	3. 020 ** (2. 14)
Open	77. 069 *** (7. 53)	77. 087 *** (7. 83)	81. 777 *** (8. 10)
Fdi	4. 068 (0. 47)	– 11. 953 (– 1. 56)	– 11. 004 (– 1. 39)
Hum	1. 073 *** (5. 43)	0. 737 *** (3. 63)	1. 290 *** (6. 61)
Ascope	0. 631 *** (6. 51)	0. 687 *** (9. 26)	0. 478 *** (3. 95)
_cons	– 7. 732 *** (– 4. 93)	– 10. 130 *** (– 6. 50)	– 9. 454 *** (– 6. 02)

续表

变量	被解释变量：专利获得总量（Patentg1）		
	（1）	（2）	（3）
年度	YES	YES	YES
省份	YES	YES	YES
N	248	248	248
AdjR^2	0.817	0.829	0.817

注：由于政府审计力量指标（Apower）在主回归中不显著，在进一步分析中并未包含该指标；
***、**、*分别表示在1%、5%和10%水平上显著。

（2）不同专利类型的检验。专利类型包括发明、实用新型和外观设计三种类型。本书为进一步考察政府审计对不同类型的专利产生的不同影响，将被解释变量分别替换为各省份获得的发明数量（Invg）、各省份获得的实用新型数量（Umg）和各省份获得的外观设计数量（Desg）进行检验。表4-19报告了政府审计与不同专利类型的回归结果，列（1）至列（3）报告的是政府审计与各省份获得发明数量的回归结果，列（4）至列（6）报告的是政府审计与各省份获得实用新型数量的回归结果，列（7）至列（9）报告的是政府审计与各省份获得外观设计数量的回归结果。从回归结果可知，政府审计指标（Aperson、Amoney、Areport）在列（1）至列（9）中的系数均显著为正。这表明，政府审计功能的发挥有利于提高各省份三种专利类型的获得数量，更进一步验证了政府审计对各省份创新能力的提升作用。

3. 稳健性检验

专利获得数量可能会受到政府专利机构等人为因素的影响（王然等，2010；张宏元和李晓晨，2016），而专利申请数则能在一定程度上规避上述问题。因此，本书选取各省份专利申请数量（Patenta）作为新的被解释变量进行再检验。表4-20报告了政府审计与专利申请数量的回归结果，从列（2）至列（4）的回归结果可以看出，政府审计变量（Aperson、Amoney、

表 4 - 19   政府审计与各省省份创新能力——不同专利类型

变量	被解释变量: 发明专利获得数量 (Invg)			被解释变量: 实用新型专利获得数量 (Umg)			被解释变量: 外观设计专利获得数量 (Desg)		
	(1)	(2)	(3)	(4)	(5)	(6)	(7)	(8)	(9)
Aperson	0.211** (1.99)			0.531*** (4.18)			0.527*** (3.24)		
Amoney		0.474*** (7.55)			0.534*** (6.80)			0.444*** (4.02)	
Areport			0.746*** (4.89)			0.862*** (4.58)			0.600** (2.45)
GDP_g	2.513** (2.20)	2.776*** (2.67)	2.160* (1.96)	2.434* (1.78)	2.656** (2.04)	1.954 (1.44)	4.733*** (2.71)	4.895*** (3.14)	4.358** (2.47)
Open	87.162*** (10.86)	83.144*** (11.43)	84.194*** (10.91)	63.470*** (6.60)	62.694*** (6.90)	63.707*** (6.69)	98.280*** (7.98)	98.719*** (9.71)	100.450*** (8.12)
Fdi	-4.388 (-0.77)	-9.035* (-1.94)	-9.275* (-1.89)	1.091 (0.16)	-11.291* (-1.94)	-11.554* (-1.90)	3.257 (0.37)	-9.115* (-1.80)	-9.371 (-1.19)
Hum	1.507*** (9.54)	1.137*** (7.45)	1.632*** (10.85)	1.244*** (6.58)	0.906*** (4.75)	1.466*** (7.89)	0.210 (0.87)	-0.048 (-0.26)	0.407* (1.69)
Ascope	0.752*** (7.57)	0.594*** (10.00)	0.181 (1.14)	0.639*** (5.37)	0.710*** (9.57)	0.222 (1.13)	0.641*** (4.21)	0.772*** (7.04)	0.484* (1.90)

续表

变量	被解释变量：发明专利获得数量（Invg）			被解释变量：实用新型专利获得数量（Umg）			被解释变量：外观设计专利获得数量（Desg）		
	(1)	(2)	(3)	(4)	(5)	(6)	(7)	(8)	(9)
_cons	-13.389*** (-10.73)	-15.217*** (-13.38)	-14.161*** (-11.92)	-10.689*** (-7.15)	-13.340*** (-9.39)	-12.162*** (-8.29)	-4.364** (-2.28)	-6.741*** (-4.15)	-5.707*** (-3.00)
年度	YES	YES	YES	YES	YES	YES	YES	YES	YES
省份	YES	YES	YES	YES	YES	YES	YES	YES	YES
N	279	279	279	279	279	279	279	279	279
AdjR²	0.864	0.887	0.874	0.819	0.836	0.822	0.717	0.725	0.712

注：***、**、*分别表示在1%、5%和10%水平上显著。

Areport）的系数均在 1% 水平上显著为正，而列（1）中政府审计力量
（Apower）的系数虽不显著，但仍为正，与前面研究结论保持一致。

表 4 - 20　　　　政府审计与各省份创新能力——专利申请数量

变量	被解释变量：专利申请数量（Patenta）			
	（1）	（2）	（3）	（4）
Apower	0. 282 （1. 50）			
Aperson		0. 410 *** （3. 28）		
Amoney			0. 490 *** （6. 36）	
Areport				0. 820 *** （4. 46）
GDP_g	2. 989 ** （2. 18）	2. 983 ** （2. 22）	3. 206 ** （2. 51）	2. 550 * （1. 92）
Open	74. 356 *** （6. 78）	77. 375 *** （8. 16）	75. 675 *** （8. 47）	76. 396 *** （8. 22）
Fdi	- 8. 849 （ - 1. 44）	0. 030 （0. 00）	- 9. 466 * （ - 1. 66）	- 9. 699 （ - 1. 64）
Hum	1. 173 *** （5. 72）	1. 191 *** （6. 39）	0. 860 *** （4. 59）	1. 377 *** （7. 60）
Ascope	1. 004 *** （18. 20）	0. 686 *** （5. 85）	0. 686 *** （9. 40）	0. 210 （1. 10）
_cons	- 10. 187 *** （ - 6. 88）	- 9. 157 *** （ - 6. 21）	- 11. 436 *** （ - 8. 18）	- 10. 367 *** （ - 7. 25）
年度	YES	YES	YES	YES
省份	YES	YES	YES	YES
N	279	279	279	279
AdjR^2	0. 808	0. 814	0. 833	0. 820

注：*** 、 ** 、 * 分别表示在1% 、5% 和10% 水平上显著。

第五节 本章小结

本章以2008~2016年各省份"三去一降一补"实施效果为研究对象，实证检验了政府审计功能的发挥对地方政府层面的供给侧结构性改革产生的影响。研究发现，政府审计功能的发挥有利于各省份去产能、去杠杆和补短板的实施，但在去库存和降成本方面，政府审计的功能暂未显现。这可能是由于在政府审计力量有限的情况下，政府审计对地方政府层面的供给侧结构性改革实施审计的工作重心暂未放到去库存和降成本上。

具体研究结论如下，（1）政府审计功能的发挥显著提高了各省份去产能的概率；进一步研究发现，政府审计功能发挥越强，各省份过剩产能下降程度越高，去产能实施效果越好；政府审计对各省份去产能概率的提升作用主要存在于国有企业规模占比较高的地区。（2）政府审计功能的发挥显著降低了各省份地方政府债务；进一步研究发现，政府审计对地方政府债务的抑制作用存在一定滞后效应；政府审计对地方政府债务的抑制作用主要存在于GDP晋升压力较高的地区。（3）政府审计功能的发挥显著增加了各省份专利获得数量；政府审计对各省份专利获得的增加作用存在一定滞后效应；在区分专利类型后发现，政府审计对发明专利、实用新型专利和外观设计专利的获得均存在显著增加作用。（4）政府审计对各省份去库存和降成本的促进作用尚未体现。

本章的研究结论有利于更好地理解政府审计在地方政府层面的供给侧结构性改革中发挥的重要作用。对进一步明确政府审计促进供给侧结构性改革的工作重心和规范政府审计行为具有一定的参考意义。

第五章

政府审计与供给侧结构性改革

——基于中央企业层面

国有企业掌握着国民经济的命脉，在整个国民经济中占据着重要地位。中央企业在国有企业中起着领导性和标杆性的作用，对维护经济安全和保障国家重大政策措施的贯彻落实至关重要。政府审计作为国家政治制度的重要组成部分，在国家治理中起着重要的基石作用（刘家义，2015），政府审计在维护财政经济秩序和国家经济安全、促进提高财政资金使用效益、促进国有资产保值增值、促进中央宏观调控政策落实、促进权力规范运行等多方面发挥着重要作用（董大胜，2018）。中央企业作为重要的政策措施实施主体之一，理应成为政府审计监控的对象。在本书的第四章中已经对政府审计促进地方政府层面的供给侧结构性改革作用效果进行了实证检验。本章则将研究视角落到中央企业层面，以中央企业控股上市公司作为基本研究样本，从企业的角度考察政府审计对供给侧结构性改革产生的影响。

本章以 2008～2017 年中央企业控股上市公司供给侧结构性改革实施效果为研究对象，实证检验政府审计功能的发挥对中央企业层面的供给侧结构性改革产生的影响。"三去一降一补"作为供给侧结构性改革的五大任务，供给侧结构性改革的实施效果在当前阶段即表现为"三去一降一补"的实施效果。因此，本章将考察政府审计对中央企业层面的"三去一降一补"产生的具体影响，以期提供政府审计促进中央企业层面的供给侧结构性改革作用效果的直接的经验证据。研究发现，政府审计功能的发挥有利于中央企业去产能、去杠杆和补短板的实现，但在去库存和降成本方面，政府审计的功能暂未显现。具体来看，（1）政府审计介入显著提高了中央企业产能利用率，且存在显著滞后效应；进一步研究发现，政府审计对中央企业产能利用率的影响存在增量效应，政府审计介入次数越多，中央企业产能利用率越高；政府审计对中央企业产能利用率的影响存在同省份威慑效应，当同年同省份被审计的中央企业越多，未被审计中央企业的产能利用率越高。（2）政府审计介入显著降低了中央企业资产负债率，且存在显著滞后效应；进一步研究发现，政府审计对中央企业资产负债率的抑制作用存在增量效应，政府审计介入次数越多，中央企业资产负债率越低；政府审计对中央企业资产负债率的抑制作用存在同省份和同行业威慑效应，当同年同省份（同年同行业）

被审计的中央企业越多，未被审计中央企业的资产负债率越低。（3）政府审计介入显著增加了中央企业联合获得的发明数量，但该促进作用具有滞后效应；进一步研究发现，政府审计对中央企业创新的促进作用存在增量效应，政府审计介入次数越多，中央企业联合获得的发明数量越多；政府审计对中央企业创新的影响存在同省份威慑效应，当同年同省份被审计的中央企业越多，未被审计中央企业联合获得的发明数量越多。（4）政府审计介入对房地产中央企业去库存和中央企业降成本的促进作用尚未体现。

本章安排如下：第一节是理论分析与研究假设，第二节是研究设计，第三节是描述性统计，第四节是实证结果分析，第五节是本章小结。

第一节　理论分析与研究假设

一、政府审计与中央企业去产能

产能过剩问题一直以来是我国重要的宏观经济现象之一，2008 年经济危机后，政府主导的大规模投资加剧了产能过剩现象。国务院在 2009 年、2010 年和 2013 年连续发布了治理产能过剩的重要文件，涉及钢铁、煤炭、水泥等多个行业。现有文献多从市场和政府的角度对产能过剩的形成原因进行了探讨，如潮涌现象（林毅夫，2007；林毅夫等，2010；耿强等，2011）、政府间过度竞争（耿强等，2011；赵静，2014）、政府干预（程仲鸣等，2008；唐雪松等，2010；韩国高等，2011；王文甫等，2014）以及官员晋升考核机制（周黎安，2004；刘航和孙早，2014；干春晖等，2015；步丹璐等，2017）等角度。企业是产能扩张的微观主体，解决产能过剩问题的关键在于找到激励企业盲目投资扩张的因素（干春晖等，2015），进而对该因素进行制约和调整，以降低企业盲目投资的动机，从而从源头上解决产能过剩问题。对中央企业而言，管理层的非理性投资是引发其产能过剩的最直接原因，政府审计作为重要的监督控制系统，是中央企业重要的外部监督机制之一，可以通过对中央企业进行财务收支审计、政策落实跟踪审计和领导干部经济责任审计促进中央企业去产能。

首先，可以对中央企业进行财务收支审计。政府审计对中央企业的财务收支审计包含了对企业财务管理与会计核算、经营管理、企业重大决策、风险管控、发展潜力和内部管理等①方面的审计。通过对中央企业的财务收支审计可以较好地发现企业在重大投资和日常经营投资管理中存在的问题和漏洞，责令其进行整改和完善，协助中央企业及时纠正非理性投资行为，从源头上降低产能的过度投入。其次，可以对中央企业进行政策落实跟踪审计。中央企业作为贯彻落实国家重大方针政策的重要主体，其政策落实情况是各方关注的重点。通过对其去产能政策落实情况进行跟踪审计，及时发现去产能政策在中央企业的落实过程中存在的问题，例如，未及时清除过剩产能、或清除不到位以及违规新增产能等违规问题，通过下达整改责任书或移送相关部门惩处的方式，对相关问题进行直接和间接纠偏。最后，可以对中央企业领导干部进行经济责任审计。中央企业盲目投资扩产很大程度上是管理层的非理性决策所致，经济责任审计可以直接对管理层的经营管理和投资决策行为进行审计，能较好地约束管理层的不当行为。《党政主要领导干部和国有企业领导人员经济责任审计规定》中明确规定，经济责任审计结果将作为领导干部考核、任免和奖惩的重要依据，对中央企业领导干部起到良好的震慑作用。2008 年审计署对中航集团等六家中央企业（集团）的审计发现违规生产煤炭 3211.9 万吨，超核定能力生产煤炭 6279.19 万吨；2010 年对 16 家中央企业（集团）的审计发现存在违规新增和扩大产能和未按要求淘汰落后产能的问题。审计发现问题后，通过下达决定书的形式责令相关企业进行整改，并将相关问题责任人移送相关部门进行惩处。可见，政府审计功能的发挥确实可以协助中央企业淘汰落后产能。

据此，提出本章第一个研究假设：

H5 - 1：政府审计功能的发挥有利于中央企业去产能。

---

①　汇总于政府审计对中央企业审计后发布的政府审计公告。

二、政府审计与房地产中央企业去库存

1995 年推行的房屋预售制使我国房地产行业取得了前所未有的高速发展，房地产市场的过度繁荣引发了房地产行业的过度投资。随着房地产行业景气度的逐渐下降，我国房地产行业已积压了相当的库存。作为国民经济重要支柱的房地产业，其过度投资以及库存的化解一度是迫在眉睫的重大现实问题。现有研究从货币政策（Maccarthy et al.，2002；Mishkin，2007；高铁梅，2004；黄瑜，2010）、银行信贷（李宏瑾，2005；张晓晶和孙涛，2006）、房地产市场因素（魏巍贤和李阳，2005）、城镇化（Mankiw and Weil，1989；Glaeser et al.，2006；Chen et al.，2011；谢福泉和黄俊晖，2013；许远明等，2013）等方面探讨了对房地产需求产生的影响。对中央企业而言，管理层对房地产行业乐观预期下产生的过度投资是引发房地产中央企业库存积压的重要原因。政府审计是中央企业重要的外部监控系统之一，可以通过对中央企业进行财务收支审计、政策落实跟踪审计和领导干部经济责任审计促进中央企业去库存。

首先，可以对房地产中央企业进行财务收支审计。政府审计对中央企业的财务收支审计包含了对企业经营管理和重大决策方面的审计。房地产企业的库存积压正是基于管理层的非理性投资所致，通过对中央企业的财务收支审计可以较好地发现企业在重大投资决策中存在的问题，协助企业及时调整投资决策，使库存产出与市场需求相匹配，从投资的源头上进行合理配置，从而达到降低库存积压，实现去库存的根本目的。其次，可以对房地产中央企业进行政策落实跟踪审计。中央企业作为贯彻落实国家重大方针政策的重要主体，其政策落实情况是各方关注的重点。房地产去库存作为供给侧结构性改革的阶段性任务，政府审计应当对房地产中央企业去库存政策落实情况进行跟踪审计，通过审计及时发现不利于去库存政策贯彻落实的违规行为，并对其进行直接或间接处理，进而保障去库存政策在中央企业中的平稳落地。最后，可以对房地产中央企业领导干部进行经济责任审计。经济责任审计可以对管理层的投资项目、资金使用、重大经营决策情况进行审计，能对

管理层形成较好的约束和督促作用，以确保其尽职履责，准确判断市场，合理配置房产投入。2015年审计署对中船集团等20家中央企业（集团）的审计发现存在违规参与商业房地产项目、未按规定退出房地产项目、违规向房地产开发下属企业提供委托贷款4.35亿元、多家房地产企业未按要求清理库存、违规融资56.14亿元用于房地产项目等问题。审计发现问题后，责令相关企业进行整改落实。这表明，政府审计能够较好地促进房地产中央企业去库存。

据此，提出本章第二个研究假设：

H5-2：政府审计功能的发挥有利于房产中央企业去库存。

三、政府审计与中央企业去杠杆

企业债务情况属于内部经营管理的重要组成部分，其影响因素众多，诸如企业的外部环境（李志军和王善平，2011；王明虎和郑军，2016）、内部控制质量（陈汉文和周中胜，2014；祝继高等，2015）、信息披露质量（徐玉德等，2011；李争光等，2017）、高管特征（陆贤伟等，2013；叶德珠和李小林，2017）等都可能对企业债务情况产生影响。国有企业由于特殊性，通常需要承担大量社会责任，逐渐成为高杠杆率的重灾区，也是此次去杠杆的关键之所在。对中央企业而言，企业资产属于国家，企业经营亏损由国家承担，管理层通常不需要为企业债务承担过多责任，这进一步刺激了中央企业管理层盲目举债进行规模扩张的行为。政府审计是我国重要的监督控制系统，对中央企业资产负债情况进行监控是其重要职责，政府审计可以通过对中央企业的财务收支审计、政策落实跟踪审计和中央企业领导干部的经济责任审计促进中央企业降低负债。

首先，可以对中央企业进行财务收支审计。政府审计对中央企业的财务收支审计主要包含了对企业财务管理与会计核算、经营管理、内部管理、公司治理和风险管控等方面的审查。其中便囊括了对中央企业的资产和负债情况的审计。通过财务收支审计可以较好地发现企业在内部管理中存在的问题，协助企业调整资本结构，合理配置资产负债，从而降低企业风险。其

次，可以对中央企业进行政策落实跟踪审计。中央企业是贯彻落实国家重大方针政策的重要主体，而去杠杆是供给侧结构性改革的重要任务之一，政府审计应当对中央企业去杠杆政策落实情况进行跟踪审计，及时发现中央企业在去杠杆政策实施过程中存在的问题和违规行为，并督促其进行整改落实，降低杠杆率，提高风险防控能力。最后，可以对中央企业领导干部进行经济责任审计。经济责任审计通过对中央企业管理层的内部管理情况和重大经营决策情况进行审计，能较好地约束管理层的违规行为，激励其改善企业资本结构，从而合理降低负债率。2015 年审计署对中船集团等 20 家中央企业（集团）的审计发现存在违规融资行为、违规为下属企业提供委托贷款行为、多家企业未完成资产负债率规划目标等问题。审计发现问题后，责令相关企业进行整改和调整。这些审计结果表明，政府审计功能的发挥能够较好地约束中央企业的负债行为，有利于降低中央企业负债率。

据此，提出本章第三个研究假设：

H5 - 3：政府审计功能的发挥有利于降低中央企业负债率。

四、政府审计与中央企业降成本

降成本作为供给侧结构性改革的一个重要环节，主要在于降低实体经济企业成本。2016 年 8 月，国务院关于降成本问题专门印发了《降低实体经济企业成本工作方案》，从合理降低企业税费负担、有效降低企业融资成本、着力降低制度性交易成本等十个方面提出了指导意见。对企业而言，成本的高低不仅取决于外在的制度设计、财政货币政策等，还和企业自身的生产技术、经营管理等因素密切相关（中国财政科学研究院课题组，2017）。因此，降成本需要政府和企业双管齐下，形成合力。从企业角度看，提高企业生产率、合理分配企业资源能够较好地降低企业成本（Quinn，2014；冯圆，2018），而优化成本管理技术与方法更是实现降低成本、控制成本和成本增值的最重要途径（于增彪，2009）。政府审计作为重要的监督控制系统，是中央企业重要的外部监督机制之一，政府审计可以通过对中央企业的财务收支审计、政策落实跟踪审计和中央企业领导干部的经济责任审计促进中央企业降成本。

　　首先，可以对中央企业进行财务收支审计。政府审计对中央企业的财务收支审计包含了对企业经营管理、企业重大决策、公司治理和内部管理等方面进行审计。合理配置企业资源和优化成本管理技术等应当被囊括其中，通过对中央企业的财务收支审计可以较好地发现企业在内部资源配置和成本管理中存在的重大缺陷，下达整改通知书，责令整改，从而帮助企业完善其成本管理制度，整合企业内部资源，从而降低综合成本。其次，可以对央企进行政策落实跟踪审计。中央企业作为贯彻落实国家重大方针政策的重要主体，其政策落实情况是各方关注的重点。通过对其降成本政策落实情况进行跟踪审计，及时发现中央企业在推行降成本政策落实过程中存在违规和落实不到位等行为，例如，违规为企业购买保险、发放福利以及费用分摊不均等直接导致企业成本升高的行为。在审计发现问题后，通过直接下达整改责任书或移送相关部门惩处的方式对上述行为进行纠偏。最后，可以对中央企业领导干部进行经济责任审计。企业生产效率低下、成本管理不到位与管理层的不作为和反作为有着必然联系。中央企业领导人员经济责任审计的主要内容包括了对本企业效益情况和履行国有资产出资人经济管理和监督职责情况的审计。经济责任审计可以较好地对中央企业管理层形成约束，促使其提高企业效益、提高生产率、完善企业成本管理制度，进而实现降成本的重要任务。2009 年审计署对三峡集团等 16 家中央企业（集团）的审计结果发现大量企业存在资金安排不当，增加集团费用、违规为职工购买保险、违规补贴下属企业、费用分摊不准导致多承担费用 441. 31 万元等违规行为。对此次审计发现的问题，审计署已依法出具了审计报告、下达了审计决定书。对审计中发现的违纪违法问题线索，已依纪依法移送有关部门进一步调查处理。上述审计结果表明，政府审计可以协助中央企业降低企业成本，完善成本管理制度。

　　据此，提出本章第四个研究假设：

　　H5 - 4：政府审计功能的发挥有利于降低中央企业综合成本。

五、政府审计与中央企业补短板

补短板是供给侧结构性改革的五大任务之一，不同地区、不同企业存在的短板可能存在差异，因而补短板更为强调因地制宜、因企制宜和因行业制宜（贾康，2017）。但对我国而言，科技创新能力是当前我国经济建设面临的最大的短板（殷醒民，2016）。2015年10月，习近平在党的十八届五中全会第二次全体会议上指出："我国创新能力不强，科技发展水平总体还不高，科技对经济社会发展的支撑能力不足，科技对经济增长的贡献率远低于发达国家水平……我们必须把创新作为引领发展的第一动力……把创新摆在国家发展全局的核心位置……"。现阶段，提高我国创新能力是实现补短板战略任务的重中之重。政府审计作为国家治理的重要监督控制体系，对中央企业而言是一种不可或缺的外部监督机制，政府审计可以通过财务收支审计、政策落实跟踪审计和中央企业领导干部的经济责任审计促进中央企业创新。

首先，可以对中央企业进行财务收支审计。政府审计对中央企业的财务收支审计包含了对企业发展潜力和经营管理的审计。发展潜力的审计强调的就是对企业创新能力和可持续发展能力方面的审计，通过审计可以发现企业在创新和可持续发展管理中存在的问题和漏洞，提出相应的整改建议，提高企业创新动力。其次，可以对中央企业进行政策落实跟踪审计。中央企业作为贯彻落实国家重大方针政策的重要主体，其政策落实情况是各方关注的重点。"大众创业、万众创新"将创新提升到国家战略层面，供给侧结构性改革的补创新短板进一步强化了创新的重要地位。政府审计通过对中央企业创新政策落实情况进行跟踪审计，及时发现制约和阻碍企业创新的薄弱环节，并提出相应的整改建议，有利于提升中央企业贯彻落实创新政策的动力和执行力。最后，可以对中央企业领导干部进行经济责任审计。推动企业可持续发展是中央企业领导人员的经济责任审计的最重要内容之一，在实施细则中更是明确规定要考核国有企业领导对国有企业科技创新的推动作用，并纳入个人考核档案之中，对中央企业管理层形成了较好的威慑力。褚剑等（2018）研究也发现经济责任审计可以抑制国有企业管理层的短视行为并引导其注重长期效应，进而提高创新。2010 年审计署对中国电科等 16 家中央企业（集团）的审计发现，部分中央企业自主产品研发投入比例偏低、研发资源亟待整合等问题；2014 年审计署对中航工业等 10 家中央企业（集团）的审计发现研发投入占比低于监管部门要求、11 项关键技术掌握不到位、科技投入占比未到规划目标、产业技术研发项目未实现预期目标、主业创新不足等大量问题都存在。审计发现问题后，相关部门积极整改。可见，政府审计功能的发挥可以促进中央企业创新。

据此，提出本章第五个研究假设：

H5 - 5：政府审计功能的发挥有利于提升中央企业创新能力。

第二节　研究设计

一、关键变量定义

1. 去产能的衡量

产能利用率是通行的衡量产能过剩的计量指标，该指标越低，则产能过剩越严重。目前对于正常的产能利用率并没有统一的评价标准，已有文献主要从宏观视角测算行业产能利用率，从微观视角衡量企业产能利用率的指标相对少见。理论上，企业产能过剩的经济后果必然转化为会计信息，蕴含在财务报表中。因此，从财务视角进行分析能够在一定程度上识别企业产能过剩。从产能过剩的财务后果来看，一方面，企业追加固定生产要素和可变生产要素投入的扩张行为在财务上体现为固定资产、存货等价值的超常规增长，最终体现为总资产规模过度膨胀；另一方面，当市场需求没有与产能扩张协同增长时，产能过剩企业将面临激烈的市场价格竞争，这将导致营业收入增长滞后于资产规模增长。两方面共同作用，势必降低资金周转效率。修宗峰和黄健柏（2013）使用固定资产周转率的倒数（固定资产收入比）衡量企业产能利用率，为从财务会计视角解读企业产能过剩提供了新的思路。本书参考该研究使用固定资产周转率（Fixassturn）替代企业产能利用率，该指标越高，表示在一定固定产能规模下，企业实际产出价值越高，与产能利用率正相关。

2. 去库存的衡量

参考刘斌等（2017；2018）的研究对房地产中央企业去库存情况进行衡量。具体而言，主要采用两个指标对房地产中央企业去库存效果进行度量，一是是否去库存（Destockd2）；二是去库存程度（Destockr2）。具体步骤如下：

首先，对企业存货进行调整。对房地产企业而言，预收账款本质上是一种将要实现的收入，因此，留存在资产负债表中的存货中包含了一部分应当进行结转的成本，这部分应当从真实存货中予以剔除。因此，本书参考刘媛媛和刘斌（2012）、刘斌等（2018）的研究对现有存货进行调整，以有效剔除预收账款中包含的那部分存货成本。具体而言，调整后存货 = 存货 − 预收账款 ×（营业成本/营业收入）。

其次，利用调整后存货构建是否去库存和去库存程度指标[①]。是否去库存是按照当期存货较上期变动情况设置的虚拟变量，若 T 期存货小于 T − 1 期存货取值为 1，否则为 0。去库存程度则是在是否去库存指标设定的基础之上进行构造，当是否去库存取值为 1 时，去库存程度等于 T 期存货变动数的绝对值除以 T − 1 期存货；当是否去库存取值为 0 时，去库存程度取值为 0。该指标主要用于反映企业当期去库存的实施程度，该指标越大，说明该企业去库存程度越高。

3. 企业综合成本的衡量

供给侧结构性改革中所提倡的降成本主要包括税费成本、融资成本、交易成本、人工成本、能源成本和物流成本。本书参考中国财政科学研究院"降成本：我们的调查与看法"课题总结报告（2016）中对企业综合成本的衡量方式，采用企业主营业务成本、销售费用、管理费用、财务费用和营业税金及附加之和来衡量企业综合成本（Cost2），该指标越高，说明企业综合

[①]　该部分所使用的存货皆为调整后存货。

成本负担越重。

4. 创新能力的衡量

本书参考现有研究（黎文靖和郑曼妮，2016；褚剑等，2018）采用当年联合获得的发明数量（Patentg2）对企业创新能力进行衡量，该指标越大，说明该企业创新能力越强。

5. 政府审计功能发挥的衡量

审计署每年公布的政府审计结果公告是目前能够获取的政府审计作用于微观企业主体的最直接、最有效的证据。大量研究表明，审计署发布的审计结果公告有效促进了政府审计功能的发挥（郑小荣，2012；陈宋生等，2014），审计结果公告在提升政府审计质量（陈宋生等，2014）和国家治理能力（吴秋生和上官泽明，2016）上也发挥了重要作用，市场也能够对政府审计结果公告作出反应（李小波和吴溪，2013）。并且，已有研究还表明，政府审计结果公告能够作用到微观企业层面（李小波和吴溪，2013；蔡利和马可哪呐，2014；褚剑和方军雄，2016；吴业奇，2017；霍同美子，2017；等等）。

因此，本书参考已有研究借助政府审计结果公告构建政府审计变量（Audit）和政府审计介入前后变量（PostAudit）来考察政府审计功能的发挥。具体而言，若该企业被审计署审计过，政府审计变量（Audit）取值为1，否则取值为0；若该企业接受过政府审计，政府审计介入前后变量（PostAudit）在审计介入年度①及其以后年度取值为1，否则为0。

二、模型设计

由于中央企业（集团）是先后被审计署审计，因此，本书借鉴已有研究（Bertrand and Mullainathan，1999；Chan et al.，2012；褚剑和方军雄，2016；等等），通过构建类似准实验场景下设计的双重差分模型（5−1）、模型（5−4）、模型（5−6）、模型（5−8）对本章的研究假设：H5−1、H5−3、

---

① 此处所指的审计介入年度是指政府审计首次介入年度。

H5 -4和 H5 -5 进行实证检验。

此外，为避免内生性问题，本书参考伯特兰德和穆莱纳桑（Bertrand and Mullainathan，2003）提出的跨期动态模型，设计模型（5 -2）、模型（5 -5）、模型（5 -7）、模型（5 -9）对本章的研究假设：H5 -1、H5 -3、H5 -4和 H5 -5 进行再检验。跨期动态模型主要是根据政府审计介入的时间段设置6 个虚拟变量（$Year^{-2}$、$Year^{-1}$、$Year^0$、$Year^1$、$Year^2$、$Year^3$）考察政府审计介入对中央企业供给侧结构性改革的动态影响。其中，政府审计介入前两年 $Year^{-2}$ 取值为1，否则为0；政府审计介入前一年 $Year^{-1}$ 取值为1，否则为0；政府审计介入当年 $Year^0$ 取值为1，否则为0；政府审计介入后一年 $Year^1$ 取值为1，否则为0；政府审计介入后两年 $Year^2$ 取值为1，否则为0；政府审计介入后三年 $Year^3$ 取值为1，否则为0。

（1）在模型（5 -1）和模型（5 -2）中我们参考修宗峰和黄健柏（2013）；钱爱民和付东（2017）；周泽将和徐玉德（2017）；步丹璐等（2017）的研究控制了公司规模（Size）、资产负债率（Lev）、营业收入增长率（Growth）、总资产收益率（Roa）、第一大股东持股（Top1）、第二至第十大股东持股（Top2_10）、经济发展水平（GDP_a）等其他可能对产能利用情况产生影响的变量。此外，还对年度变量进行了控制①。

$$Fixassturn = \alpha_0 + \alpha_1 Audit + \alpha_2 PostAudit + \alpha_3 Size + \alpha_4 Lev + \alpha_5 Growth$$
$$+ \alpha_6 Roa + \alpha_7 Top1 + \alpha_8 Top2\_10 + \alpha_9 GDP\_a + Year + \varepsilon$$

$$(5 -1)$$

$$Fixassturn = \alpha_0 + \alpha_1 Audit + \alpha_2 Audit \times Year^{-2} + \alpha_3 Audit \times Year^{-1}$$
$$+ \alpha_4 Audit \times Year^0 + \alpha_5 Audit \times Year^1 + \alpha_6 Audit \times Year^2$$
$$+ \alpha_7 Audit \times Year^3 + \alpha_8 Size + \alpha_9 Lev + \alpha_{10} Growth + \alpha_{11} Roa$$
$$+ \alpha_{12} Top1 + \alpha_{13} Top2\_10 + \alpha_{14} GDP\_a + Year + \varepsilon \qquad (5 -2)$$

（2）在政府审计与中央企业去库存的实证检验中，由于样本量较少

---

①　政府审计与中央企业去产能的研究聚焦产能过剩行业，涉及行业较少，因此并未对行业进行控制。

（n = 82），且接受过政府审计样本（Audit = 1）达到 93.9%（77/82），此时将 Audit 和 PostAudit 同时纳入模型存在严重的多重共线性，回归失效。故在研究政府审计与中央企业去库存的关系中，本书采用普通 Logit 回归模型（5 - 3）对研究假设 H5 - 2 进行实证检验。此外，本书还构建政府审计介入滞后变量（L. PostAudit、L2. PostAudit）对政府审计的滞后效应进行检验。在模型（5 - 3）中我们参考了谢福泉和黄俊晖（2013）；韩国高（2015）；刘斌等（2017）；刘斌等（2018）的研究，控制了公司规模（Size）、资产负债率（Lev）、营业收入增长率（Growth）、总资产收益率（Roa）、托宾 Q 值（TobinQ）、存货跌价准备计提比例（Invdepr）、各省份房价增长率（Priceg）等可能对房地产中央企业去库存产生影响的变量。此外，还对年度变量进行了控制①。

$$Destockd2/Destockr2 = \beta_0 + \beta_2 PostAudit \ (L. PostAudit/L2. PostAudit)$$
$$+ \beta_3 Size + \beta_4 Lev + \beta_5 Growth + \beta_6 Roa + \beta_7 Invdepr$$
$$+ \beta_8 TobinQ + \beta_9 Priceg + Year + \varepsilon \qquad (5-3)$$

（3）在模型（5 - 4）和模型（5 - 5）中我们参考孙铮等（2006）；李维安等（2015）；姚立杰等（2018）的研究控制了公司规模（Size）、总资产收益率（Roa）、营业收入增长率（Growth）、总资产周转率（Turnover）、有形资产比率（Tangassr）、第一大股东持股比例（Top1）、四大会计师事务所（Big4）等其他可能对企业资产负债率产生影响的控制变量。此外，还对年度和行业变量进行了控制。

$$Lev = \delta_0 + \delta_1 Audit + \delta_2 PostAudit + \delta_3 Size + \delta_4 Roa + \delta_5 Growth$$
$$+ \delta_6 Turnover + \delta_7 Tangassr + \delta_8 Top1 + \delta_9 Big4 + Year$$
$$+ Ind + \varepsilon \qquad (5-4)$$
$$Lev = \delta_0 + \delta_1 Audit + \delta_2 Audit \times Year^{-2} + \delta_3 Audit \times Year^{-1}$$
$$+ \delta_4 Audit \times Year^0 + \delta_5 Audit \times Year^1 + \delta_6 Audit \times Year^2$$
$$+ \delta_7 Audit \times Year^3 + \delta_8 Size + \delta_9 Roa + \delta_{10} Growth + \delta_{11} Turnover$$

---

① 政府审计与中央企业去库存的研究只涉及地产行业，因此并未对行业进行控制。

$$+ \delta_{12}\text{Tangassr} + \delta_{13}\text{Top1} + \delta_{14}\text{Big4} + \text{Year} + \text{Ind} + \varepsilon \qquad (5-5)$$

（4）在模型（5-6）和模型（5-7）中我们控制了公司规模（Size）、资产负债率（Lev）、营业收入增长率（Growth）、总资产收益率（Roa）、固定资产比例（Fixassr）、公司注册地（Add）、经济发展水平（GDP_a）等可能会影响企业成本的变量。此外，还对年度和行业变量进行了控制。

$$\text{Cost2} = \gamma_0 + \gamma_1\text{Audit} + \gamma_2\text{PostAudit} + \gamma_3\text{Size} + \gamma_4\text{Lev} + \gamma_5\text{Growth} + \gamma_6\text{Roa}$$
$$+ \gamma_7\text{Fixassr} + \gamma_8\text{Add} + \gamma_8\text{GDP\_a} + \text{Year} + \text{Ind} + \varepsilon \qquad (5-6)$$

$$\text{Cost2} = \gamma_0 + \gamma_1\text{Audit} + \gamma_2\text{Audit} \times \text{Year}^{-2} + \gamma_3\text{Audit} \times \text{Year}^{-1}$$
$$+ \gamma_4\text{Audit} \times \text{Year}^0 + \gamma_5\text{Audit} \times \text{Year}^1 + \gamma_6\text{Audit} \times \text{Year}^2$$
$$+ \gamma_7\text{Audit} \times \text{Year}^3 + \gamma_8\text{Size} + \gamma_9\text{Lev} + \gamma_{10}\text{Growth} + \gamma_{11}\text{Roa}$$
$$+ \gamma_{12}\text{Fixassr} + \gamma_{13}\text{Add} + \gamma_{14}\text{GDP\_a} + \text{Year} + \text{Ind} + \varepsilon \qquad (5-7)$$

（5）在模型（5-8）和模型（5-9）中我们参考黎文靖和郑曼妮（2016）；褚剑等（2018）的研究控制了公司规模（Size）、资产负债率（Lev）、总资产收益率（Roa）、固定资产比例（Fixassr）、经营活动现金流（Cfo）、机构投资者持股（Inshold）、公司年龄（Age）、营业收入增长率（Growth）、托宾Q值（TobinQ）等可能会对企业创新产生影响的变量。此外，还对年度和行业变量进行了控制。

$$\text{Patentg2} = \lambda_0 + \lambda_1\text{Audit} + \lambda_2\text{PostAudit} + \lambda_3\text{Size} + \lambda_4\text{Lev} + \lambda_5\text{Roa}$$
$$+ \lambda_6\text{Fixassr} + \lambda_7\text{Cfo} + \lambda_8\text{Inshold} + \lambda_9\text{Age} + \lambda_{10}\text{Growth}$$
$$+ \lambda_{11}\text{TobinQ} + \text{Year} + \text{Ind} + \varepsilon \qquad (5-8)$$

$$\text{Patentg2} = \lambda_0 + \lambda_1\text{Audit} + \lambda_2\text{Audit} \times \text{Year}^{-2} + \lambda_3\text{Audit} \times \text{Year}^{-1}$$
$$+ \lambda_4\text{Audit} \times \text{Year}^0 + \lambda_5\text{Audit} \times \text{Year}^1 + \lambda_6\text{Audit} \times \text{Year}^2$$
$$+ \lambda_7\text{Audit} \times \text{Year}^3 + \lambda_8\text{Size} + \lambda_9\text{Lev} + \lambda_{10}\text{Roa} + \lambda_{11}\text{Fixassr}$$
$$+ \lambda_{12}\text{Cfo} + \lambda_{13}\text{Inshold} + \lambda_{14}\text{Age} + \lambda_{15}\text{Growth}$$
$$+ \lambda_{16}\text{TobinQ} + \text{Year} + \text{Ind} + \varepsilon \qquad (5-9)$$

变量定义如表5-1所示。

表 5 – 1　　　　　　　　　　　　　**变量定义**

变量名称	变量符号	变量定义	度量方法
去产能	Fixassturn	产能利用率	营业收入/固定资产净值
去库存	Destockd2	是否去库存	当期存货小于上期存货取值为 1，否则为 0
去库存	Destockr2	去库存程度	当是否去库存取值为 1 时，等于 |（当期存货 – 上期存货）/上期存货|；当是否去库存取值为 0 时，等于 0
去杠杆	Lev	资产负债率	负债合计/资产总计
降成本	Cost2	综合成本	主营业务成本、销售费用、管理费用、财务费用和营业税金及附加之和的自然对数
补短板	Patentg2	创新能力	当年联合获得的发明数量的自然对数
政府审计	Audit	政府审计	被审计署审计过取值为 1，否则为 0
政府审计	PostAudit	审计介入前后	审计介入当年及以后取值为 1，否则为 0
控制变量	Size	企业规模	期末资产总计的自然对数
控制变量	Roa	总资产收益率	净利润/期末资产总计
控制变量	Growth	营业收入增长率	（当年营业收入 – 上年营业收入）/上年营业收入
控制变量	Invdepr	存货跌价准备计提比例	期末存货跌价准备/期末调整后存货
控制变量	TobinQ	托宾 Q 值	（债务账面价值 + 股权市场价值）/期末资产总计
控制变量	Turnover	总资产周转率	营业收入/期末资产总计
控制变量	Add	省份	上市公司注册地所在省份
控制变量	Priceg	房价增长率	上市公司注册地所在省份房价增长率
控制变量	Tangassr	有形资产比率	有形资产总计/期末资产总计
控制变量	Top1	第一大股东持股比例	第一大股东持股总数/总股数
控制变量	Top2_10	第二至第十大股东持股比例	第二至第十大股东持股比例
控制变量	Big4	四大所	聘用国际四大会计师事务所审计取值 1，否则为 0
控制变量	Fixassr	固定资产比例	固定资产净额/期末资产总计
控制变量	Cfo	经营活动现金流	经营活动产生的现金流量净额
控制变量	Inshold	机构投资者持股	机构投资者持股总数的自然对数
控制变量	Age	上市年龄	上市公司成立年限
控制变量	GDP_a	人均 GDP	公司注册地所在省份人均 GDP

三、样本选择与数据来源

1. 样本选择

（1）识别中央企业（集团）及其控股的下属上市子公司样本。本书以国资委公布的中央企业名录①中所包含的中央企业（集团）②及其控股的下属上市子公司作为基本研究对象。在识别中央企业（集团）及其控股的下属上市子公司时，进行了以下处理：首先，选取全部 A 股非金融类国有企业作为备选样本，该数据取自万得（Wind）数据库，并与国泰安数据库（CS-MAR）数据库进行对比补充；其次，按照备选样本"实际控制人名称——第一大股东名称——公司中文名称"的顺序逐一与中央企业（集团）名称进行比对和识别③，得到 342 个中央企业（集团）及其控股的下属上市子公司；最后，选取 2008～2017 年作为研究区间，最终得到 3210 个样本观测值作为全样本。

其中，在研究政府审计与中央企业去产能效果时只保留了炼钢、印染和造纸等产能过剩行业（见表 5 - 2）的中央企业作为研究样本④，在删除相关变量缺失的样本后，共得到 660 个观测值。在研究政府审计与房地产中央企业去库存效果时只保留了房地产行业的中央企业作为研究样本，在删除相关变量缺失的样本后，共得到 82 个观测值。政府审计与中央企业去杠杆的研究得到 3088 个有效观测值，政府审计与中央企业降成本研究中得到 2754 个有效观测值，政府审计与中央企业补短板研究中得到 2753 个有效观测值。

---

① 选取国资委 2017 年 12 月 29 日公布的中央企业名录。

② 剔除了金融类和非国资委直属的中央企业集团。

③ 在识别过程中，分别与 Wind 和 CSMAR 中的公司属性（层级判断）为"央企"的上市公司进行对比和补充，并与中央企业集团一一匹配。

④ 产能过剩行业为工信部发布的产能过剩名单中所包含的行业类别。

表 5 - 2   产能过剩行业

行业代码	类别名称	类别名称（明细）
C14	食品制造业	味精
C15	酒、饮料和精制茶制造业	酒精
C17	纺织业	印染
C19	皮革、皮毛、羽毛及其制品和制鞋业	制革
C22	造纸和纸制品业	造纸
C25	石油、煤炭及其他燃料加工业	焦化、焦炭
C26	化学原料和化学制品制造业	电石、柠檬酸
C28	化学纤维制造业	化纤
C30	非金属矿物制品业	水泥、玻璃、平板玻璃
C31	黑色金属冶炼和压延加工业	铁合金、炼铁、炼钢、电解铝
C32	有色金属冶炼和压延加工业	铜冶炼、铅冶炼、锌冶炼、稀土
C38	电器机械和器材制造业	铅蓄电池

（2）识别被审计①中央企业（集团）及其控股的下属上市子公司样本。按照审计署官方网站在 2010 ~ 2018 年间所公布的审计结果公告中所涉及的中央企业（集团）作为被审计样本，若该中央企业（集团）接受审计，则认定为该中央企业（集团）及其控股的下属上市子公司均接受审计。在选取审计公告时也对金融行业进行了剔除。之所以选择 2010 ~ 2018 年政府审计公告作为被审计样本的识别标准，主要在于审计结果公告的公布一般滞后于被审计会计年度两年，滞后于审计介入年度一年。也即审计结果公告年度为 2010 ~ 2018 年，则被审计会计年度为 2008 ~ 2016 年，审计介入年度为 2009 ~ 2017 年。如"2018 年第 41 号审计结果公告：中国中信集团有限公司 2016 年度资产负债损益审计结果"，被审计会计年度为 2016 年，审计介入年度为 2017 年，审计结果公告年度为 2018 年。

表 5 - 3 展示了本章样本分布情况。从表 5 - 3 被审计中央企业分布情况

---

① 被审计均以审计介入为准。

可以看出，被审计中央企业（集团）和被审计中央企业个数基本都在逐年增加①，从 2009 年的 20 个上升到 2017 年的 88 个②，这说明政府审计对中央企业的审计力度越来越大。

表 5 – 3　　　　　　　　　　　　样本分布情况

被审计会计年度（年）	审计介入年度（年）	审计结果公告年度（年）	中央企业集团个数（个）	中央企业个数（个）	被审计中央企业集团个数（个）	被审计中央企业个数（个）
2008	2009	2010	80	306	6	20
2009	2010	2011	80	308	17	61
2010	2011	2012	81	313	14	77
2011	2012	2013	81	319	7	30
2012	2013	2014	81	320	10	57
2013	2014	2015	81	322	13	69
2014	2015	2016	81	326	10	69
2015	2016	2017	81	331	19	74
2016	2017	2018	81	333	25	88

2. 数据来源

中央企业集团及其控股的下属上市子公司基本数据来自 Wind 数据库，政府审计数据来自审计署官方网站发布的审计结果公告，通过手工整理所得，创新专利数据来自中国研究数据库（CNRDS），地区经济发展水平和房价增长率数据来自统计局官方网站，其余数据均来自国泰安数据库。对连续变量进行了上下 1% 的缩尾处理。

第三节　描述性统计

表 5 – 4 报告了本章描述性统计结果。Panel A – E 分别是政府审计与中

① 本书所指中央企业是指中央企业集团下属上市子公司，被审计中央企业个数是指被审计中央企业集团下属上市子公司个数。

② 此处的年度是指审计介入的年度。

央企业去产能、去库存、去杠杆、降成本和补短板相关变量的描述性统计结果。

Panel A 是政府审计与中央企业去产能相关变量的描述性统计。产能过剩的样本总量为 660，占全样本的比例约为 20.56%（660/3210），中央企业控股子公司中产能过剩的企业占比较高。产能利用率（Fixassturn）的均值为 3，最小值和最大值分别为 0.152 和 24.25，表明中央企业之间产能利用率差异较大。政府审计变量（Audit）均值为 0.92，表明中央企业中约有92% 的企业曾接受过审计。政府审计介入变量（PostAudit）均值为 0.409，表明审计署对中央企业进行审计的概率并不高。Panel B 是政府审计与中央企业去库存相关变量的描述性统计。样本量为 82，表明属于房地产行业的样本观测值有 82 个，约占全样本的 2.55%（82/3210），中央企业中房地产行业占比相对较低。是否去库存指标（Destockd2）均值为 0.28，表明约28% 的房地产中央企业当期库存总量低于上期库存总量。去库存程度指标（Destockr2）的均值为 0.077，表明房地产企业当年去库存总量约为上年库存总量的 7.7%，最小值和最大值分别为 0 和 1.199①，中央企业之间去库存程度差距较大。政府审计介入指标（PostAudit）均值为 0.573。Panel C 是政府审计与中央企业去杠杆研究的相关变量的描述性统计。中央企业上市公司的资产负债率（Lev）平均为 0.539，杠杆率较高，总资产中有 53.9% 来自负债。Panel D 是政府审计与中央企业降成本研究的相关变量的描述性统计。中央企业综合成本负担（Cost2）均值为 22.07，最小值和最大值分别是14.08 和 28.65，中央企业之间差距较大。Panel E 是政府审计与中央企业补短板相关变量的描述性统计。中央企业联合获得的发明数量（Patentg2）均值为 3.07，最小值和最大值分别为 0 和 125，中央企业之间创新能力差距非常大。

---

① 去库存程度大于 1 的原因在于调整后存货可能为负值，也即预收账款中包含的存货成本大于资产负债表中列示的存货。

表 5 - 4   描述性统计

Panel A 政府审计与中央企业去产能相关变量的描述性统计

变量	样本	均值	标准差	最小值	中位数	最大值
Fixassturn	660	3.000	2.849	0.152	2.060	24.25
Audit	660	0.920	0.272	0.000	1.000	1.000
PostAudit	660	0.409	0.492	0.000	0.000	1.000
Size	660	22.23	1.350	19.74	22.05	26.31
Lev	660	0.539	0.228	0.075	0.540	1.074
Growth	660	0.115	0.564	−0.568	0.026	3.480
Roa	660	0.012	0.067	−0.217	0.017	0.207
Top1	660	37.29	13.76	12.42	35.99	75.90
Top2_10	660	17.35	12.51	1.610	14.57	55.12
GDP_a	660	10.64	0.514	9.482	10.60	11.68

Panel B 政府审计与中央企业去库存相关变量的描述性统计

变量	样本	均值	标准差	最小值	中位数	最大值
Destockd2	82	0.280	0.452	0.000	0.000	1.000
Destockr2	82	0.077	0.185	0.000	0.000	1.199
PostAudit	82	0.573	0.498	0.000	1.000	1.000
Size	82	23.82	1.934	19.60	23.70	27.45
Lev	82	0.654	0.176	0.088	0.710	0.886
Growth	82	6.981	19.22	−0.722	2.371	138.5
Roa	82	0.032	0.034	−0.067	0.029	0.143
Invdepr	82	0.887	6.583	−0.126	0.000	58.27
TobinQ	82	1.186	2.482	0.145	0.471	18.26
Add	82	14.87	6.793	1.000	19.00	22.00
Priceg	82	0.083	0.073	−0.060	0.075	0.269

Panel C 政府审计与中央企业去杠杆相关变量的描述性统计

变量	样本	均值	标准差	最小值	中位数	最大值
Lev	3088	0.539	0.220	0.047	0.548	1.129
Audit	3088	0.921	0.269	0.000	1.000	1.000

续表

Panel C 政府审计与中央企业去杠杆相关变量的描述性统计

变量	样本	均值	标准差	最小值	中位数	最大值
PostAudit	3088	0.515	0.500	0.000	1.000	1.000
Size	3088	22.73	1.687	18.97	22.47	26.95
Roa	3088	0.026	0.059	−0.225	0.027	0.217
Growth	3088	0.195	0.642	−0.669	0.099	5.615
Turnover	3088	0.720	0.506	0.027	0.599	2.568
Tangassr	3088	0.952	0.053	0.527	0.966	1.000
Top1	3088	40.72	15.16	4.380	41.27	93.61
Big4	3088	0.140	0.347	0.000	0.000	1.000

Panel D 政府审计与中央企业降成本相关变量的描述性统计

变量	样本	均值	标准差	最小值	中位数	最大值
Cost2	2754	22.07	1.748	14.08	21.82	28.65
Audit	2754	0.923	0.267	0.000	1.000	1.000
PostAudit	2754	0.467	0.499	0.000	0.000	1.000
Size	2754	22.69	1.716	19.75	22.40	27.96
Lev	2754	0.540	0.218	0.072	0.550	1.036
Roa	2754	0.025	0.059	−0.221	0.027	0.189
Growth	2754	0.175	0.521	−0.540	0.096	3.724
Fixassr	2754	0.279	0.204	0.002	0.232	0.799
GDP_a	2754	10.81	0.540	9.482	10.84	11.68

Panel E 政府审计与中央企业补短板相关变量的描述性统计

变量	样本	均值	标准差	最小值	中位数	最大值
Patentg2	2753	3.070	12.54	0.000	0.000	125.0
Audit	2753	0.923	0.266	0.000	1.000	1.000
Size	2753	22.69	1.747	16.69	22.41	29.41
Roa	2753	0.030	0.289	−6.776	0.027	8.441
Lev	2753	0.546	0.274	0.016	0.550	8.612
Fixassr	2753	0.280	0.206	0.000	0.232	0.948

Panel E 政府审计与中央企业补短板相关变量的描述性统计

变量	样本	均值	标准差	最小值	中位数	最大值
Cfo	2753	0.040	0.111	-3.076	0.040	0.684
Inshold	2753	17.65	3.651	0.000	18.20	22.56
Age	2753	14.75	5.149	2.000	15.00	29.00
Growth	2753	0.171	0.499	-0.537	0.094	3.383
TobinQ	2753	1.726	1.842	0.007	1.169	25.33

第四节　实证结果分析

一、政府审计功能的发挥对中央企业去产能产生的影响

1. 回归结果分析

表 5 - 5 报告了政府审计介入与中央企业产能利用率的回归结果，被解释变量为产能利用率的替代指标固定资产周转率（Fixassturn）。列（1）是双重差分模型的回归结果；列（2）是跨期动态模型的回归结果。列（1）中政府审计介入（PostAudit）的系数在 1% 水平上显著为正，这表明相对于未被审计的中央企业控股上市公司，审计署实施的政府审计能显著提高中央企业控股上市公司的产能利用率。从列（2）的回归结果中可知，政府审计介入当年，产能利用率开始显著提升，该效应持续到审计介入后的第二年，这表明，政府审计的介入可以显著提高中央企业控股上市公司的产能利用率，且存在显著滞后效应。验证了本章的研究假设：H5 - 1，即政府审计功能的发挥有利于中央企业去产能。

表 5 − 5　　　　　　　　　　政府审计介入与中央企业产能利用率

变量	被解释变量：固定资产周转率（Fixassturn）	
	（1）	（2）
Audit	0. 162 （0. 54）	0. 413 （1. 00）
PostAudit	1. 522 *** （5. 49）	
$Audit \times Year^{-2}$		0. 264 （0. 71）
$Audit \times Year^{-1}$		0. 256 （0. 70）
$Audit \times Year^{0}$		1. 147 *** （2. 90）
$Audit \times Year^{1}$		0. 881 * （1. 92）
$Audit \times Year^{2}$		1. 193 ** （2. 57）
$Audit \times Year^{3}$		0. 685 （1. 41）
Size	− 0. 124 （ − 1. 49）	− 0. 083 （ − 0. 85）
Lev	− 1. 552 *** （ − 2. 75）	− 1. 733 *** （ − 3. 00）
Growth	1. 299 *** （3. 10）	1. 242 *** （6. 11）
Roa	1. 390 （0. 84）	0. 983 （0. 53）
Top1	− 0. 024 *** （ − 2. 84）	− 0. 023 ** （ − 2. 46）

变量	被解释变量：固定资产周转率（Fixassturn）	
	（1）	（2）
Top2_10	0.002 (0.21)	0.003 (0.29)
GDP_a	0.342 (1.10)	0.343 (1.27)
_cons	3.949 (1.39)	2.780 (0.93)
年度	YES	YES
N	660	660
AdjR^2	0.142	0.109

注：***、**、*分别表示在1%、5%和10%水平上显著。

2. 进一步分析

（1）政府审计增量效应与中央企业产能利用率。政府审计对中央企业的审计可能存在多次，那么，当政府审计多次对同一中央企业进行审计时，是否存在一定增量效应？为了考察多次审计介入带来的增量效应，本书参考蔡利和马可哪呐（2014）、褚剑和方军雄（2017）的研究，构建政府审计频率指标（Audit_freq）对政府审计在提升中央企业产能利用率中的增量效应进行进一步检验。当中央企业接受过政府审计时，将每次审计的审计介入年度及以后年度分别取值为1，随后将企业每年度的取值加总得到政府审计频率，该指标越大，说明政府审计介入次数越多。表5-6的列（1）报告了政府审计介入频率对中央企业产能利用率产生的影响。从列（1）的回归结果来看，政府审计频率指标（Audit_freq）的系数在1%水平上显著为正，这说明，政府审计介入次数越多，越能提高中央企业的产能利用率。在提升中央企业产能利用率上，政府审计确实存在增量效应。

表 5 – 6　政府审计介入与中央企业产能利用率——增量效应和威慑效应检验

变量	被解释变量：固定资产周转率（Fixassturn）		
	政府审计频率	同省份威慑效应	同行业威慑效应
	(1)	(2)	(3)
Audit_freq	1.041 *** (5.70)		
Audit_provNO		0.297 ** (2.14)	
Audit_indNO			− 0.039 (− 0.94)
Size	− 0.085 (− 1.06)	− 0.239 (− 1.59)	− 0.215 (− 1.51)
Lev	− 1.586 *** (− 2.83)	− 1.398 * (− 1.88)	− 2.128 *** (− 3.15)
Growth	1.303 *** (3.10)	0.903 *** (3.33)	0.937 *** (3.88)
Roa	1.368 (0.83)	− 0.211 (− 0.07)	− 1.336 (− 0.50)
Top1	− 0.024 *** (− 2.88)	− 0.040 *** (− 3.05)	− 0.027 ** (− 2.32)
Top2_10	0.004 (0.49)	− 0.009 (− 0.68)	− 0.011 (− 0.92)
GDP_a	0.273 (0.88)	0.407 (1.08)	0.555 * (1.69)
_cons	3.874 (1.37)	4.191 (0.89)	4.061 (0.90)
年度	YES	YES	YES
N	660	184	217
AdjR^2	0.143	0.197	0.198

注：*** 、** 、* 分别表示在 1%、5% 和 10% 水平上显著。

（2）政府审计威慑效应与中央企业产能利用率。在政府审计介入之前，其他未被审计的中央企业也存在被审计的可能性，而在政府审计介入之后，其他未被审计的中央企业可以观察到被审计中央企业出现的问题，进而对自身存在的类似问题进行整改，也即政府审计对未被审计的中央企业具有一定的威慑效应（褚剑等，2018）。为了进一步验证政府审计在提升中央企业产能利用率上是否存在威慑效应，本书构建了政府审计的省份介入程度（Audit_provNO）和行业介入程度（Audit_indNO）以分别检验政府审计在同省份和同行业中的威慑效应。将同年度同省份政府审计介入指标累加得到政府审计的省份介入程度，该指标越大，说明该年该省份接受政府审计的中央企业越多；将同年度同行业政府审计介入指标累加得到政府审计的行业介入程度，该指标越大，说明该年该行业接受政府审计的中央企业越多。由于该部分的检验主要在于考察政府审计对未被审计中央企业的威慑效应，因此，将审计介入当年及以后的样本进行剔除，以便聚焦未被审计的样本企业。为避免样本干扰，在考察同省份威慑效应时，进一步剔除了同年同省份无被审计中央企业的省份样本；在考察同行业威慑效应时，进一步剔除了同年同行业无被审计中央企业的行业样本。

表 5 – 6 的列（2）报告了政府审计同省份威慑效应的回归结果，列（3）报告了政府审计同行业威慑效应的回归结果。列（2）的省份介入程度（Audit_provNO）的系数在 5% 水平上显著为正，表明同年同省份被审计的中央企业越多，未被审计的中央企业产能利用率越高，这说明政府审计对产能利用率的提升作用存在同省份威慑效应。列（3）的行业介入程度（Audit_indNO）的系数为负，且并不显著，表明政府审计对产能利用率的提升作用不存在同行业威慑效应。可能的原因在于，去产能的任务主要以各省份为单位进行下达，政府审计在对去产能实施状况进行监控时主要聚焦各省份的完成情况，因而只有同省份威慑效应显著存在。

3. 稳健性检验

（1）替换政府审计指标。审计署的审计计划一般在上年末或当年初提前进行制定和公布，被审计中央企业可能会在审计介入之前了解到审计计划，并提前进行自我整改。因此，采用政府审计介入前一年度也即被审计会计年度构建政府审计指标（Audit_a）和审计前后指标（PostAudit_a）进行再检验。表5－7的列（1）和列（2）报告了替换政府审计指标之后的回归结果。列（1）的审计前后指标（PostAudit_a）的系数在1%水平上显著为正，列（2）的结果也显示在被审会计年度下一年也即审计介入年度，中央企业产能利用率显著提高，且存在滞后效应，与前面研究结论保持一致。

表5－7　　　政府审计介入与中央企业产能利用率——替换指标

变量	被解释变量：固定资产周转率（Fixassturn）		被解释变量：总资产周转率（Assturn）	
	(1)	(2)	(3)	(4)
Audit_a（Audit）	0.162 (0.54)	0.389 (1.20)	0.112 * (1.83)	0.156 ** (2.50)
PostAudit_a（PostAudit）	1.522 *** (5.49)		0.316 *** (6.13)	
Audit_a（Audit）× Year^{-2}		0.165 (0.40)		0.072 (1.01)
Audit_a（Audit）× Year^{-1}		0.212 (0.59)		0.102 (1.34)
Audit_a（Audit）× Year^{0}		0.192 (0.57)		0.187 * (1.94)
Audit_a（Audit）× Year^{1}		1.041 * (1.83)		0.203 * (1.93)
Audit_a（Audit）× Year^{2}		0.812 * (1.68)		0.217 ** (2.06)
Audit_a（Audit）× Year^{3}		1.088 * (1.96)		0.227 ** (2.02)

续表

变量	被解释变量：固定资产周转率（Fixassturn）		被解释变量：总资产周转率（Asstturn）	
	（1）	（2）	（3）	（4）
Size	−0.124 （−1.49）	−0.071 （−0.83）	−0.034 * （−1.89）	−0.026 （−1.38）
Lev	−1.552 *** （−2.75）	−1.819 *** （−3.24）	−0.249 * （−1.78）	−0.284 ** （−2.01）
Growth	1.299 *** （3.10）	1.274 *** （2.91）	0.033 （1.12）	0.019 （0.62）
Roa	1.390 （0.84）	0.605 （0.35）	−0.059 （−0.13）	−0.124 （−0.27）
Top1	−0.024 *** （−2.84）	−0.022 *** （−2.58）	0.003 * （1.91）	0.003 ** （2.05）
Top2_10	0.002 （0.21）	0.003 （0.31）	0.003 * （1.72）	0.003 * （1.80）
GDP_a	0.342 （1.10）	0.314 （0.98）	0.030 （0.56）	0.029 （0.52）
_cons	3.949 （1.39）	2.812 （0.98）	1.207 * （1.87）	0.982 （1.50）
年度	YES	YES	YES	YES
N	660	660	660	660
AdjR^2	0.142	0.104	0.096	0.059

注：***、**、*分别表示在1%、5%和10%水平上显著。

（2）替换产能利用率指标。企业产能的形成除了固定要素的投入之外，还应当包括可变要素的投入（Kirkley et al.，2002；钱爱民和付东，2017）。因此，选用包含可变要素的企业总资产周转率作为产能利用率的替代变量进行再检验。表5-7中列（3）和列（4）报告了替换产能利用率之后的回归结果。列（3）中政府审计介入变量（PostAudit）在1%水平上显著为正，列（4）的结果显示在审计介入当年，中央企业产能利用率显著提高，且存在滞后效应，与前面研究结论保持一致。

（3）剔除从未被审计样本。为进一步验证政府审计介入对产能利用率产生的提升作用，将样本中从未接受过政府审计的样本予以剔除，以考察政府审计介入前后产能利用率的变动。由于只考察接受过政府审计的子样本，在回归中将政府审计（Audit）变量去掉。表5-8中列（1）和列（2）报告了剔除未被审计样本后的回归结果。列（1）中政府审计介入变量（PostAudit）在1%水平上显著为正，列（2）的结果也显示在审计介入当年，中央企业产能利用率显著提高，且存在滞后效应，与前面研究结论保持一致。

表5-8   政府审计介入与中央企业产能利用率——改变样本

变量	被解释变量：固定资产周转率（Fixassturn）			
	接受过审计样本		PSM样本	
	（1）	（2）	（3）	（4）
PostAudit	1.616 *** (5.75)		1.740 *** (5.66)	
Audit			0.111 (0.31)	0.307 (0.84)
Audit × Year^{-2}		0.216 (0.58)		0.215 (0.55)
Audit × Year^{-1}		0.262 (0.76)		0.394 (1.05)
Audit × Year^{0}		1.170 ** (2.04)		1.271 ** (2.19)
Audit × Year^{1}		0.901 * (1.84)		1.000 ** (1.99)

续表

变量	被解释变量：固定资产周转率（Fixassturn）			
	接受过审计样本		PSM 样本	
	（1）	（2）	（3）	（4）
Audit × Year^2		1.219 **		1.301 **
		(2.17)		(2.23)
Audit × Year^3		0.701		0.763
		(1.54)		(1.51)
Size	−0.094	−0.049	−0.132	−0.072
	(−1.05)	(−0.54)	(−1.36)	(−0.74)
Lev	−1.215 **	−1.455 ***	−1.235 **	−1.464 **
	(−2.20)	(−2.61)	(−2.11)	(−2.46)
Growth	1.272 ***	1.218 **	1.239 ***	1.160 **
	(2.82)	(2.56)	(2.70)	(2.39)
Roa	1.893	1.438	1.922	1.573
	(1.07)	(0.76)	(1.04)	(0.79)
Top1	−0.027 ***	−0.025 ***	−0.023 ***	−0.021 **
	(−3.05)	(−2.90)	(−2.59)	(−2.38)
Top2_10	0.003	0.004	0.007	0.008
	(0.30)	(0.38)	(0.74)	(0.87)
GDP_a	0.166	0.177	0.054	−0.019
	(0.51)	(0.53)	(0.15)	(−0.05)
_cons	5.218 *	4.112	6.859 **	6.056 *
	(1.83)	(1.44)	(2.14)	(1.86)
年度	YES	YES	YES	YES
N	607	607	577	577
AdjR^2	0.136	0.098	0.136	0.096

注：***、**、*分别表示在1%、5%和10%水平上显著。

（4）PSM 配对样本。由于被审计中央企业自身可能与未被审计中央企业存在一定差异，会对研究结论产生影响，本书采用倾向得分匹配法找到一组与被审计中央企业最为接近的样本进行再检验。考虑到相似的公司在被选定为审计对象时的概率可能更为接近，在进行匹配时，选择与首次接受政府审计的样本企业相近的样本企业作为控制组的样本企业，随后进行再检验。表 5 - 8 中列（3）和列（4）报告了 PSM 样本的回归结果。列（3）的政府审计介入变量（PostAudit）在 1% 水平上显著为正，列（4）的结果显示在政府审计介入当年，中央企业产能利用率显著提高，且存在滞后效应，与前面研究结论保持一致。

二、政府审计功能的发挥对房地产中央企业去库存产生的影响

回归结果分析

表 5 - 9 报告了政府审计介入与房地产中央企业去库存的回归结果。列（1）至列（3）是政府审计介入与是否去库存的回归结果，列（4）至列（6）是政府审计介入与去库存程度的回归结果。而列（1）和列（4）是政府审计介入当期变量的回归结果，列（2）和列（5）是滞后一期的回归结果，列（3）和列（6）是滞后两期的回归结果。从列（1）至列（6）的回归结果可以看出，政府审计介入变量均不显著，表明政府审计介入未能提升房地产中央企业去库存的概率和去库存程度。H5 - 2 并未得到验证，政府审计在促进房地产中央企业去库存上的作用暂未显现。

表 5 - 9　　　　　　　政府审计介入与房地产中央企业去库存

变量	被解释变量：是否去库存（Destockd2）			被解释变量：去库存程度（Destockr2）		
	（1）	（2）	（3）	（4）	（5）	（6）
PostAudit	0.543 (0.78)			0.025 (0.75)		
L. PostAudit		- 0.608 (- 0.78)			- 0.023 (- 0.67)	

续表

变量	被解释变量：是否去库存（Destockd2）			被解释变量：去库存程度（Destockr2）		
	（1）	（2）	（3）	（4）	（5）	（6）
L2. PostAudit			-0.252 （-0.29）			-0.018 （-0.45）
Size	-0.488 （-1.56）	-0.675 （-1.59）	-0.738 （-1.43）	-0.031** （-2.33）	-0.025 （-1.58）	-0.015 （-1.02）
Lev	0.858 （0.29）	1.527 （0.51）	5.246 （1.07）	0.237 （1.18）	0.109 （0.54）	0.358** （2.32）
Growth	-0.018 （-0.79）	-0.022 （-0.89）	-0.049 （-1.58）	-0.003 （-1.52）	-0.002 （-1.34）	-0.002 （-1.51）
Roa	1.489 （0.09）	1.197 （0.09）	37.573 （1.48）	-1.228 （-1.37）	-2.298* （-1.81）	-1.878* （-1.84）
Invdepr	3.648 （0.97）	3.041 （0.75）	0.706 （0.18）	0.007** （2.23）	0.003 （0.49）	-0.006 （-0.98）
TobinQ	-0.233 （-0.82）	-0.316 （-0.98）	0.843 （1.56）	0.017 （0.81）	0.033 （0.78）	0.134*** （2.86）
Add	0.034 （0.73）	0.045 （0.89）	0.170* （1.74）	0.002 （0.63）	0.000 （0.03）	0.002 （0.40）
Priceg	-0.339 （-0.07）	-3.082 （-0.48）	3.764 （0.41）	0.453 （1.19）	0.051 （0.14）	0.058 （0.11）
_cons	-6.301 （-0.95）	15.680 （1.60）	11.347 （0.99）	0.550** （2.19）	0.736** （2.22）	0.219 （0.71）
年度	YES	YES	YES	YES	YES	YES
N	74	61	50	82	67	55
Pseudo/AdjR^2	0.216	0.186	0.239	0.320	0.385	0.593

注：***、**、*分别表示在1%、5%和10%水平上显著。

三、政府审计功能的发挥对中央企业去杠杆产生的影响

1. 回归结果分析

表 5 - 10 报告了政府审计介入与中央企业资产负债率的回归结果，被解释变量为资产负债率（Lev）。列（1）和列（2）分别是双重差分模型和跨期动态模型的回归结果。列（1）中 PostAudit 的系数在 1% 水平上显著为负，表明政府审计介入能显著降低中央企业控股上市公司的资产负债率。从列（2）的回归结果中可知，政府审计介入当年，资产负债率开始显著降低，该效应持续到审计介入后的第三年，这表明，政府审计的介入可以显著降低中央企业控股上市公司资产负债率，且存在显著滞后效应。H5 - 3 得以验证。

表 5 - 10   政府审计介入与中央企业资产负债率

变量	被解释变量：资产负债率（Lev）	
	(1)	(2)
Audit	0. 046 *** (3. 83)	0. 038 *** (3. 27)
PostAudit	- 0. 034 *** (- 4. 32)	
$Audit \times Year^{-2}$		- 0. 007 (- 0. 55)
$Audit \times Year^{-1}$		- 0. 015 (- 1. 34)
$Audit \times Year^{0}$		- 0. 018 * (- 1. 68)
$Audit \times Year^{1}$		- 0. 020 * (- 1. 72)
$Audit \times Year^{2}$		- 0. 035 *** (- 3. 00)

续表

变量	被解释变量：资产负债率（Lev）	
	（1）	（2）
Audit × Year^3		−0.040 *** （−3.16）
Size	0.060 *** （21.83）	0.060 *** （21.63）
Roa	−1.423 *** （−18.07）	−1.424 *** （−18.07）
Growth	0.012 ** （2.54）	0.013 *** （2.65）
Turnover	0.051 *** （5.65）	0.050 *** （5.57）
Tangassr	0.327 *** （5.07）	0.316 *** （4.93）
Top1	−0.001 *** （−4.95）	−0.001 *** （−4.97）
Big4	−0.068 *** （−7.68）	−0.070 *** （−7.87）
_cons	−1.299 *** （−15.65）	−1.277 *** （−15.50）
年度	YES	YES
行业	YES	YES
N	3088	3088
AdjR^2	0.429	0.428

注：***、**、* 分别表示在1%、5%和10%水平上显著。

2. 进一步分析

（1）政府审计增量效应与中央企业资产负债率。政府审计对中央企业的审计可能存在多次，那么，当政府审计多次对同一中央企业进行审计时，是否存在一定增量效应？为了考察多次审计介入带来的增量效应，本书参考蔡利和马可哪呐（2014）、褚剑和方军雄（2017）的研究，构建政府审计频率指标（Audit_freq）对政府审计在降低资产负债率中的增量效应进行进一步检验。当中央企业接受过政府审计时，将每次审计的审计介入年度及以后年度分别取值为1，随后将企业每年度的取值加总得到政府审计频率，该指标越大，说明政府审计介入次数越多。表5-11的列（1）报告了政府审计介入频率对中央企业资产负债率产生的影响。从列（1）的回归结果来看，政府审计频率指标（Audit_freq）的系数在10%水平上显著为负，这说明，政府审计介入次数越多，越能降低中央企业的资产负债率。在降低中央企业资产负债率上，政府审计存在增量效应。

表5-11　　政府审计介入与中央企业资产负债率——增量效应和威慑效率检验

变量	被解释变量：资产负债率（Lev）		
	政府审计频率	同省份威慑效应	同行业威慑效应
	（1）	（2）	（3）
Audit_freq	-0.008 * （-1.82）		
Audit_provNO		-0.001 * （-1.70）	
Audit_indNO			-0.001 ** （-2.49）
Size	0.059 *** （21.50）	0.057 *** （12.34）	0.055 *** （11.30）
Roa	-1.420 *** （-18.04）	-1.595 *** （-12.44）	-1.543 *** （-11.03）
Growth	0.013 *** （2.68）	0.024 *** （2.67）	0.018 * （1.91）
Turnover	0.052 *** （5.70）	0.049 *** （2.85）	0.054 *** （3.20）
Tangassr	0.324 *** （4.96）	0.456 *** （4.02）	0.304 *** （2.93）

续表

变量	被解释变量：资产负债率（Lev）		
	政府审计频率	同省份威慑效应	同行业威慑效应
	（1）	（2）	（3）
Top1	−0.001 *** （−4.84）	−0.001 ** （−2.35）	−0.001 ** （−2.26）
Big4	−0.066 *** （−7.43）	−0.055 *** （−3.59）	−0.055 *** （−3.62）
_cons	−1.243 *** （−15.04）	−1.427 *** （−9.58）	−0.837 *** （−5.06）
年度	YES	YES	YES
行业	YES	YES	YES
N	3088	1088	1143
AdjR^2	0.426	0.441	0.413

注：*** 、** 、* 分别表示在1%、5%和10%水平上显著。

（2）政府审计威慑效应与中央企业资产负债率。在政府审计介入之前，其他未被审计的中央企业也存在被审计的可能性，而在政府审计介入之后，其他未被审计的中央企业可以观察到被审计中央企业出现的问题，进而对自身存在的类似问题进行整改，也即政府审计对未被审计的中央企业具有一定的威慑效应（褚剑等，2018）。为了进一步验证政府审计在降低中央企业资产负债率上是否存在威慑效应，本书构建了政府审计的省份介入程度（Audit_provNO）和行业介入程度（Audit_indNO）以分别检验政府审计在同省份和同行业中的威慑效应。将同年度同省份政府审计介入指标累加得到政府审计的省份介入程度，该指标越大，说明该年该省份接受政府审计的中央企业越多；将同年度同行业政府审计介入指标累加得到政府审计的行业介入程度，该指标越大，说明该年该行业接受政府审计的中央企业越多。由于该部分的检验主要在于考察政府审计对未被审计中央企业的威慑效应，因此，将审计介入当年及以后的样本进行剔除，以便聚焦未被审计的样本企业。为避免样本干扰，在考察同省份威慑效应时，进一步剔除了同年同省份无被审计中央企业的省份样本；在考察同行业威慑效应时，进一步剔除了同年同行业无被审计中央企业的行业样本。

表5-11的列（2）报告了政府审计同省份威慑效应的回归结果，列（3）报告了政府审计同行业威慑效应的回归结果。列（2）的省份介入程度（Audit_provNO）的系数在10%水平上显著为负，表明当同年同省份被审计的中央企业越多，未被审计的中央企业资产负债率越低，这说明政府审计对中央企业资产负债率的抑制作用存在同省份威慑效应。列（3）的行业介入程度（Audit_indNO）的系数在5%水平上显著为负，表明当同年同行业被审计的中央企业越多，未被审计的中央企业资产负债率越低，这说明政府审计对中央企业资产负债率的抑制作用存在同行业威慑效应。

3. 稳健性检验

（1）替换政府审计指标。审计署的审计计划一般在上年末或当年初提前进行制定和公布，被审计中央企业可能会在审计介入之前了解到审计计划，并提前进行自我整改。因此，采用政府审计介入前一年度也即被审会计年度构建政府审计指标（Audit_a）和审计前后指标（PostAudit_a）进行再检验。表5-12的列（1）和列（2）报告了替换政府审计指标之后的回归结果。列（1）的审计前后指标（PostAudit_a）的系数在1%水平上显著为负，列（2）结果显示在被审计会计年度后第三年也即审计介入第二年，中央企业资产负债率显著降低，说明政府审计功能的发挥存在一定滞后性，与前面结论基本一致。

表5-12　　　　　　政府审计介入与资产负债率——替换指标

变量	被解释变量：资产负债率（Lev）		被解释变量：流动负债/总资产（Currdebtass）	
	(1)	(2)	(3)	(4)
Audit_a（Audit）	0.054 *** (4.38)	0.037 *** (3.19)	0.030 ** (2.39)	0.021 * (1.77)

续表

变量	被解释变量：资产负债率（Lev）		被解释变量：流动负债/总资产（Currdebtass）	
	（1）	（2）	（3）	（4）
PostAudit_a（PostAudit）	− 0.038 *** （− 4.46）		− 0.024 *** （− 2.99）	
Audit_a（Audit）× $Year^{-2}$		− 0.017 （− 1.24）		0.002 （0.14）
Audit_a（Audit）× $Year^{-1}$		− 0.005 （− 0.37）		− 0.008 （− 0.68）
Audit_a（Audit）× $Year^{0}$		− 0.011 （− 1.02）		− 0.007 （− 0.65）
Audit_a（Audit）× $Year^{1}$		− 0.015 （− 1.40）		− 0.004 （− 0.40）
Audit_a（Audit）× $Year^{2}$		− 0.016 （− 1.44）		− 0.017 （− 1.56）
Audit_a（Audit）× $Year^{3}$		− 0.030 *** （− 2.58）		− 0.026 ** （− 2.09）
Size	0.060 *** （21.88）	0.060 *** （21.59）	0.025 *** （9.15）	0.025 *** （9.05）
Roa	− 1.426 *** （− 18.01）	− 1.417 *** （− 17.99）	− 1.115 *** （− 15.00）	− 1.117 *** （− 15.03）
Growth	0.013 *** （2.61）	0.013 *** （2.61）	0.010 ** （2.11）	0.011 ** （2.20）
Turnover	0.052 *** （5.74）	0.050 *** （5.55）	0.104 *** （11.67）	0.103 *** （11.58）
Tangassr	0.325 *** （5.04）	0.317 *** （4.92）	0.304 *** （4.62）	0.298 *** （4.54）
Top1	− 0.001 *** （− 4.99）	− 0.001 *** （− 4.94）	0.000 （0.17）	0.000 （0.16）

续表

变量	被解释变量：资产负债率（Lev）		被解释变量：流动负债/总资产（Currdebtass）	
	(1)	(2)	(3)	(4)
Big4	-0.068 *** (-7.71)	-0.070 *** (-7.83)	-0.040 *** (-4.42)	-0.041 *** (-4.55)
_cons	-1.304 *** (-15.71)	-1.270 *** (-15.31)	-0.622 *** (-7.12)	-0.606 *** (-6.99)
年度	YES	YES	YES	YES
行业	YES	YES	YES	YES
N	3088	3088	3075	3075
AdjR^2	0.430	0.427	0.308	0.307

注：***、**、*分别表示在1%、5%和10%水平上显著。

（2）替换资产负债率指标。企业负债包括非流动负债和流动负债，两类不同形式的负债对企业经营产生不同的影响。根据统计，样本企业的流动负债比率（流动负债/负债总额）一直维持在80%左右，久居高位，流动负债成为中央企业负债的主要构成部分。企业去杠杆的重心应当是调整债务结构，着力降低存在严重流动性风险的流动性负债（王国刚，2017）。因此，本书选用流动负债与总资产的比率（Currdebtass）来替代资产负债率进行再检验。表5-12列（3）和列（4）报告了替换资产负债率之后的回归结果。列（3）中政府审计介入变量（PostAudit）在1%水平上显著为负，列（4）结果显示在审计介入第三年，中央企业流动负债与资产比率显著降低，与前面结论基本一致。

（3）剔除从未被审计样本。为进一步验证政府审计介入对资产负债率产生的抑制作用，将样本中从未接受过政府审计的样本予以剔除，以考察政府审计介入前后中央企业资产负债率的变动。由于只考察接受过政府审计的子样本，在回归中将政府审计（Audit）变量去掉。表5-13列（1）和列（2）报告了剔除未被审计样本后的回归结果。列（1）中政府审计介入变量

（PostAudit）在1%水平上显著为负，列（2）的结果显示在审计介入当年，中央企业资产负债率显著降低，且存在一定滞后效应，与前面研究结论保持一致。

表 5 – 13　　　　政府审计介入与资产负债率——改变样本

变量	被解释变量：资产负债率（Lev）			
	接受过审计样本		PSM 样本	
	（1）	（2）	（3）	（4）
PostAudit	-0.038 *** （-4.62）		-0.034 *** （-4.28）	
Audit			0.049 *** （3.38）	0.041 *** （2.97）
$Audit \times Year^{-2}$		-0.006 （-0.50）		-0.007 （-0.55）
$Audit \times Year^{-1}$		-0.015 （-1.35）		-0.015 （-1.33）
$Audit \times Year^{0}$		-0.019 * （-1.73）		-0.018 * （-1.66）
$Audit \times Year^{1}$		-0.020 * （-1.77）		-0.019 * （-1.68）
$Audit \times Year^{2}$		-0.035 *** （-3.04）		-0.034 *** （-2.94）
$Audit \times Year^{3}$		-0.040 *** （-3.16）		-0.039 *** （-3.10）
Size	0.060 *** （20.96）	0.060 *** （20.76）	0.059 *** （21.17）	0.059 *** （21.00）
Roa	-1.398 *** （-17.22）	-1.399 *** （-17.21）	-1.400 *** （-17.44）	-1.402 *** （-17.44）

续表

变量	被解释变量：资产负债率（Lev）			
	接受过审计样本		PSM 样本	
	（1）	（2）	（3）	（4）
Growth	0.012 ** (2.53)	0.013 *** (2.65)	0.013 *** (2.74)	0.014 *** (2.84)
Turnover	0.054 *** (5.62)	0.053 *** (5.51)	0.053 *** (5.67)	0.053 *** (5.58)
Tangassr	0.272 *** (3.91)	0.263 *** (3.79)	0.322 *** (4.78)	0.311 *** (4.64)
Top1	−0.001 *** (−4.27)	−0.001 *** (−4.28)	−0.001 *** (−4.53)	−0.001 *** (−4.54)
Big4	−0.068 *** (−7.60)	−0.070 *** (−7.78)	−0.067 *** (−7.43)	−0.069 *** (−7.63)
_cons	−1.203 *** (−13.87)	−1.191 *** (−13.72)	−1.290 *** (−15.08)	−1.269 *** (−14.93)
年度	YES	YES	YES	YES
行业	YES	YES	YES	YES
N	2845	2845	2950	2950
AdjR^2	0.429	0.427	0.430	0.429

注：***、**、* 分别表示在 1%、5% 和 10% 水平上显著。

（4）PSM 配对样本。由于被审计中央企业自身可能与未被审计中央企业存在一定差异，会对研究结论产生影响，本书采用倾向得分匹配法找到一组与被审计中央企业最为接近的样本进行再检验。考虑到相似的公司在被选定为审计对象时的概率可能更为接近，在进行匹配时，选择与首次接受政府审计的样本企业相近的样本企业作为控制组的样本企业，随后进行再检验。表 5－13 的列（3）和列（4）报告了 PSM 样本的回归结果。列（3）的政府审计介入变量（PostAudit）在 1% 水平上显著为负，列（4）的结果显示在审计介入当年，中央企业资产负债率显著降低，且存在一定滞后效应，与

前面研究结论保持一致。

四、政府审计功能的发挥对中央企业降成本产生的影响

回归结果分析

表 5 - 14 报告了政府审计介入与中央企业综合成本的回归结果，被解释变量为企业综合成本（Cost2）。列（1）是双重差分模型的回归结果；列（2）是跨期动态模型的回归结果。列（1）中政府审计介入（PostAudit）的系数不显著，这表明政府审计介入并未有效降低中央企业综合成本。从列（2）的回归结果中可知，政府审计介入前后年度，中央企业的综合成本并未得到降低。上述结果同时表明，政府审计介入未能降低中央企业的综合成本。H5 - 4 未能得以验证，政府审计在促进中央企业降成本上的作用暂未显现。

表 5 - 14　　　　　　　政府审计介入与中央企业综合成本

变量	被解释变量：企业综合成本（Cost2）	
	（1）	（2）
Audit	0. 145 *** (2. 85)	0. 151 *** (3. 02)
PostAudit	0. 049 (1. 39)	
$Audit \times Year^{-2}$		0. 019 (0. 41)
$Audit \times Year^{-1}$		0. 030 (0. 74)
$Audit \times Year^{0}$		0. 042 (0. 87)
$Audit \times Year^{1}$		0. 041 (0. 81)

续表

变量	被解释变量：企业综合成本（Cost2）	
	(1)	(2)
Audit × Year^2		0.035 (0.76)
Audit × Year^3		0.046 (0.86)
Size	0.974 *** (82.55)	0.975 *** (82.43)
Lev	0.539 *** (5.97)	0.538 *** (5.93)
Roa	0.643 ** (2.26)	0.646 ** (2.25)
Growth	−0.003 (−0.07)	−0.004 (−0.10)
Fixassr	−0.158 (−1.44)	−0.153 (−1.40)
GDP_a	0.001 (0.02)	0.001 (0.02)
Add	−0.004 ** (−2.03)	−0.004 ** (−2.02)
_cons	−0.132 (−0.27)	−0.157 (−0.32)
年度	YES	YES
行业	YES	YES
N	2754	2754
AdjR^2	0.872	0.872

注：*** 、** 分别表示在1%和5%水平上显著。

五、政府审计功能的发挥对中央企业补短板产生影响

1. 回归结果分析

表 5 – 15 报告了政府审计介入与中央企业创新的回归结果，被解释变量为联合获得的发明数量（Patentg2）。列（1）是双重差分模型的回归结果，列（2）是跨期动态模型的回归结果。列（1）中政府审计介入（PostAudit）的系数在10%水平上显著为正，这表明相对于未被审计的中央企业控股上市公司，审计署实施的政府审计能显著增加中央企业控股上市公司联合获得的发明数量，也即政府审计介入能促进中央企业创新。从列（2）的结果可知，政府审计介入后一年，中央企业联合获得的发明数量显著增加，这说明政府审计对中央企业创新的影响较为滞后。初步验证了本章的 H5 – 5。创新通过投入形成产出的周期相对较长（褚剑等，2018），政府审计介入对创新产生的影响也需要较长的周期进行反应和消化，因而对创新的提升效益存在明显滞后。

表 5 – 15 　　　　　　　　　政府审计介入与中央企业创新

变量	被解释变量：联合获得的发明数量（Patentg2）	
	（1）	（2）
Audit	– 1.026 ** （– 2.00）	– 1.017 （– 1.18）
PostAudit	0.931 * （1.78）	
Audit × Year^{-2}		0.249 （0.32）
Audit × Year^{-1}		0.356 （0.48）
Audit × Year^{0}		0.869 （1.12）

续表

变量	被解释变量：联合获得的发明数量（Patentg2）	
	（1）	（2）
Audit × Year[1]		1. 694 ** （2. 01）
Audit × Year[2]		1. 241 （1. 40）
Audit × Year[3]		0. 860 （0. 92）
Size	3. 240 *** （10. 20）	3. 249 *** （17. 24）
Roa	0. 308 （0. 52）	0. 306 （0. 40）
Lev	− 1. 508 （ − 1. 42）	− 1. 482 （ − 1. 60）
Fixassr	− 1. 515 （ − 1. 17）	− 1. 408 （ − 0. 95）
Cfo	− 1. 520 （ − 1. 03）	− 1. 458 （ − 0. 73）
Inshold	− 0. 090 ** （ − 2. 21）	− 0. 090 （ − 1. 29）
Age	0. 126 （1. 47）	0. 127 ** （2. 47）
Growth	− 1. 084 *** （ − 3. 31）	− 1. 098 ** （ − 2. 53）
TobinQ	0. 553 *** （4. 45）	0. 553 *** （3. 68）
_cons	− 66. 902 *** （ − 9. 82）	− 67. 129 *** （ − 14. 54）

续表

变量	被解释变量：联合获得的发明数量（Patentg2）	
	（1）	（2）
年度	YES	YES
行业	YES	YES
N	2753	2753
AdjR²	0.231	0.231

注：***、**、*分别表示在1%、5%和10%水平上显著。

2. 进一步分析

（1）政府审计增量效应与中央企业创新。政府审计对中央企业的审计可能存在多次，那么，当政府审计多次对同一中央企业进行审计时，是否存在一定增量效应？为了考察多次审计介入带来的增量效应，本书参考蔡利和马可哪呐（2014）、褚剑和方军雄（2017）的研究，构建政府审计频率指标（Audit_freq）对政府审计在促进中央企业创新中的增量效应进行进一步检验。当中央企业接受过政府审计时，将每次审计的审计介入年度及以后年度分别取值为1，随后将企业每年度的取值加总得到政府审计频率，该指标越大，说明政府审计介入次数越多。表5 – 16的列（1）报告了政府审计介入频率对中央企业创新产生的影响。从列（1）的回归结果来看，政府审计频率指标（Audit_freq）的系数在10%水平上显著为正，这说明，政府审计介入次数越多，越能增加中央企业获得的发明数量。在促进中央企业创新上，政府审计存在增量效应。

（2）政府审计威慑效应与中央企业创新。在政府审计介入之前，其他未被审计的中央企业也存在被审计的可能性，而在政府审计介入之后，其他未被审计的中央企业可以观察到被审计中央企业出现的问题，进而对自身存在的类似问题进行整改，也即政府审计对未被审计的中央企业具有一定的威慑效应（褚剑等，2018）。为了进一步验证政府审计在促进中央企业创新上是否存在威慑效应，本书构建了政府审计的省份介入程度（Audit_provNO）

和行业介入程度（Audit_indNO）以分别检验政府审计在同省份和同行业中的威慑效应。将同年度同省份政府审计介入指标累加得到政府审计的省份介入程度，该指标越大，说明该年该省份接受政府审计的中央企业越多；将同年度同行业政府审计介入指标累加得到政府审计的行业介入程度，该指标越大，说明该年该行业接受政府审计的中央企业越多。由于该部分的检验主要在于考察政府审计对未被审计中央企业的威慑效应，因此，将审计介入当年及以后的样本进行剔除，以便聚焦未被审计的样本企业。为避免样本干扰，在考察同省份威慑效应时，进一步剔除了同年同省份无被审计中央企业的省份样本；在考察同行业威慑效应时，进一步剔除了同年同行业无被审计中央企业的行业样本。

表 5 - 16 的列（2）报告了政府审计同省份威慑效应的回归结果，列（3）报告了政府审计同行业威慑效应的回归结果。列（2）的省份介入程度（Audit_provNO）的系数在 1% 水平上显著为正，表明同年同省份被审计的中央企业越多，越能促进未被审计的中央企业创新，这说明政府审计对中央企业创新的促进作用存在同省份威慑效应。列（3）的行业介入程度（Audit_indNO）的系数为负，且并不显著，表明政府审计对中央企业创新的促进作用不存在同行业威慑效应。可能的原因在于，企业创新周期较长且需要大量投入，为获取更多的稀缺资源和实现政治晋升，管理层会迎合中央政府和地方政府鼓励创新的战略方针，进而对同省份中央企业审计情况进行实时关注以便及时作出调整以响应政府号召。因此，政府审计对创新的促进作用只存在同省份威慑效应。

表 5 - 16　　政府审计介入与中央企业创新——增量效应和威慑效应检验

变量	被解释变量：获得的发明数量（Patentg2）		
	政府审计频率	同省份威慑效应	同行业威慑效应
	（1）	（2）	（3）
Audit_freq	0.675 * (1.72)		

续表

变量	被解释变量：获得的发明数量（Patentg2）		
	政府审计频率	同省份威慑效应	同行业威慑效应
	（1）	（2）	（3）
Audit_provNO		0.081 *** (2.88)	
Audit_indNO			−0.010 (−0.57)
Size	3.232 *** (10.24)	2.938 *** (5.98)	3.005 *** (5.77)
Roa	0.274 (0.46)	−7.705 ** (−2.32)	−4.309 * (−1.69)
Lev	−1.557 (−1.47)	−1.562 (−1.30)	−1.668 (−1.43)
Fixassr	−1.779 (−1.36)	−0.286 (−0.11)	−0.041 (−0.02)
Cfo	−1.619 (−1.12)	3.687 (1.02)	−0.851 (−0.52)
Inshold	−0.089 ** (−2.19)	−0.077 (−0.98)	−0.096 (−1.28)
Age	0.118 (1.40)	0.018 (0.21)	−0.038 (−0.49)
Growth	−1.103 *** (−3.37)	−1.322 *** (−3.27)	−1.181 *** (−3.06)
TobinQ	0.535 *** (4.35)	0.366 ** (2.38)	0.348 ** (2.14)
_cons	−67.473 *** (−9.90)	−65.865 *** (−5.62)	−63.198 *** (−5.33)
年度	YES	YES	YES
行业	YES	YES	YES
N	2753	1057	1113
AdjR^2	0.232	0.253	0.255

注：*** 、** 、* 分别表示在1%、5%和10%水平上显著。

3. 稳健性检验

（1）替换政府审计指标。审计署的审计计划一般在上年末或当年初提前进行制定和公布，被审计中央企业可能会在审计介入之前了解到审计计划，并提前进行自我整改。因此，采用政府审计介入前一年度也即被审会计年度构建政府审计指标（Audit_a）和审计前后指标（PostAudit_a）进行再检验。表 5 – 17 的列（1）和列（2）报告了替换政府审计指标之后的回归结果。列（1）的审计前后指标（PostAudit_a）的系数在 10% 水平上显著为正，列（2）的结果也显示，在审计介入后一年，中央企业获得的发明数量显著增加，说明政府审计对中央企业创新的影响较为滞后，与前面研究结论保持一致。

表 5 – 17　　　　　政府审计介入与中央企业创新——替换变量

变量	被解释变量：获得的发明数量（Patentg2）		被解释变量：研发支出/营业收入（RDexpr）	
	（1）Patentg2	（2）Patentg2	（3）RDexpr	（4）RDexpr
Audit_a（Audit）	- 1.094 ** (- 2.06)	- 0.907 (- 1.06)	- 0.002 (- 0.65)	- 0.003 (- 0.67)
PostAudit_a（PostAudit）	0.887 * (1.82)		- 0.003 (- 0.96)	
Audit_a（Audit）× Year^{-2}		- 0.085 (- 0.10)		0.003 (0.55)
Audit_a（Audit）× Year^{-1}		0.170 (0.22)		- 0.000 (- 0.06)
Audit_a（Audit）× Year^{0}		0.325 (0.44)		- 0.004 (- 0.80)
Audit_a（Audit）× Year^{1}		0.816 (1.05)		- 0.003 (- 0.53)

续表

变量	被解释变量：获得的发明数量（Patentg2）		被解释变量：研发支出/营业收入（RDexpr）	
	(1) Patentg2	(2) Patentg2	(3) RDexpr	(4) RDexpr
Audit_a（Audit）× Year^2		1.680 ** (2.00)		−0.003 (−0.57)
Audit_a（Audit）× Year^3		1.010 (1.15)		0.010 * (1.75)
Size	3.238 *** (10.20)	3.254 *** (17.27)	0.000 (0.26)	0.000 (0.13)
Roa	0.296 (0.50)	0.269 (0.35)	−0.064 * (−1.73)	−0.061 *** (−3.00)
Lev	−1.513 (−1.43)	−1.487 (−1.60)	−0.034 *** (−4.34)	−0.033 *** (−4.08)
Fixassr	−1.526 (−1.19)	−1.384 (−0.93)	−0.019 ** (−2.18)	−0.020 ** (−2.02)
Cfo	−1.419 (−0.95)	−1.484 (−0.74)	−0.006 (−0.44)	−0.007 (−0.33)
Inshold	−0.090 ** (−2.24)	−0.090 (−1.30)	−0.000 (−0.76)	−0.000 (−0.31)
Age	0.126 (1.46)	0.128 ** (2.49)	−0.001 *** (−2.93)	−0.001 *** (−3.46)
Growth	−1.093 *** (−3.36)	−1.084 ** (−2.50)	−0.002 (−1.34)	−0.002 (−0.89)
TobinQ	0.551 *** (4.40)	0.555 *** (3.69)	0.004 ** (2.57)	0.004 *** (4.50)
_cons	−66.867 *** (−9.83)	−67.294 *** (−14.57)	0.011 (0.45)	0.015 (0.38)

续表

变量	被解释变量：获得的发明数量（Patentg2）		被解释变量：研发支出/营业收入（RDexpr）	
	（1）Patentg2	（2）Patentg2	（3）RDexpr	（4）RDexpr
年度	YES	YES	YES	YES
行业	YES	YES	YES	YES
N	2753	2753	1932	1932
AdjR^2	0.231	0.231	0.184	0.184

注：***、**、*分别表示在1%、5%和10%水平上显著。

（2）替换创新指标。前面主要从企业创新产出的角度考察了政府审计对中央企业创新产生的影响，但创新产出只能反映企业成功的创新，却忽视了企业创新失败的部分。创新本身是一个高风险、高投入的活动，对企业而言创新失败也是客观存在的，也应囊括其中。因此，本书参考已有研究（杨洋等，2015；袁建国等，2015，王红健等，2016；褚剑等，2018）采用中央企业研发支出与营业收入之比作为中央企业创新投入（RDexpr）的替代指标进行再检验。表5－17列（3）和列（4）报告了替换创新指标之后的回归结果。列（3）中政府审计介入变量（PostAudit）并不显著，但列（4）的结果显示在审计介入第三年，中央企业创新投入显著增加，这表明政府审计介入能提升企业创新投入，但存在显著滞后效应，与前面研究结论基本一致。

（3）剔除从未被审计样本。为进一步验证政府审计介入对中央企业创新产生的促进作用，将样本中从未接受过政府审计的样本予以剔除，以考察政府审计介入前后中央企业创新发生的变动。由于只考察接受过政府审计的子样本，在回归中将政府审计（Audit）变量去掉。表5－18列（1）和列（2）报告了剔除未被审计样本后的回归结果。列（1）中政府审计介入变量（PostAudit）在10%水平上显著为正，列（2）的结果也显示在审计介入后一年，中央企业获得的发明数量显著增加，与前面研究结论保持一致。

表 5 - 18　　　　　政府审计介入与中央企业创新——改变样本

变量	被解释变量：获得的发明数量 （Patentg2）			
	接受过审计样本		PSM 样本	
	(1)	(2)	(3)	(4)
PostAudit	0.990 * (1.83)		1.221 ** (2.17)	
Audit			-1.224 ** (-2.10)	-1.140 ** (-2.06)
Audit × Year^{-2}		0.218 (0.27)		0.187 (0.27)
Audit × Year^{-1}		0.340 (0.45)		0.531 (0.74)
Audit × Year^{0}		0.872 (1.09)		1.007 (1.17)
Audit × Year^{1}		1.707 ** (1.96)		1.845 * (1.65)
Audit × Year^{2}		1.226 (1.33)		1.413 (1.45)
Audit × Year^{3}		0.826 (0.85)		1.091 (1.08)
Size	3.299 *** (10.06)	3.310 *** (16.68)	3.261 *** (9.86)	3.277 *** (9.85)
Roa	0.347 (0.58)	0.342 (0.43)	0.320 (0.53)	0.327 (0.55)
Lev	-1.562 (-1.39)	-1.541 (-1.59)	-1.502 (-1.39)	-1.482 (-1.37)
Fixassr	-1.544 (-1.13)	-1.434 (-0.91)	-1.323 (-1.01)	-1.205 (-0.93)

续表

变量	被解释变量：获得的发明数量（Patentg2）			
	接受过审计样本		PSM 样本	
	（1）	（2）	（3）	（4）
Cfo	−1.221 （−0.77）	−1.177 （−0.57）	−1.508 （−1.00）	−1.427 （−0.93）
Inshold	−0.105 ** （−2.35）	−0.105 （−1.39）	−0.089 ** （−2.04）	−0.088 ** （−2.03）
Age	0.152 * （1.67）	0.153 *** （2.80）	0.154 * （1.66）	0.154 * （1.66）
Growth	−1.057 *** （−3.12）	−1.073 ** （−2.35）	−1.100 *** （−3.31）	−1.122 *** （−3.40）
TobinQ	0.573 *** （4.51）	0.575 *** （3.66）	0.575 *** （4.45）	0.578 *** （4.39）
_cons	−69.256 *** （−9.76）	−69.511 *** （−14.59）	−67.424 *** （−9.53）	−67.852 *** （−9.52）
年度	YES	YES	YES	YES
行业	YES	YES	YES	YES
N	2542	2542	2594	2594
AdjR^2	0.234	0.233	0.225	0.224

注：***、**、*分别表示在1%、5%和10%水平上显著。

（4）PSM 配对样本。由于被审计中央企业自身可能与未被审计中央企业存在一定差异，会对研究结论产生影响，本书采用倾向得分匹配法找到一组与被审计中央企业最为接近的样本进行再检验。考虑到相似的公司在被选定为审计对象时的概率可能更为接近，在进行匹配时，选择与首次接受政府审计的样本企业相近的样本企业作为控制组的样本企业，随后进行再检验。表 5 - 18 列（3）和列（4）报告了 PSM 样本的回归结果。列（3）的政府审计介入变量（PostAudit）在 5% 水平上显著为正，列（4）的结果显示在

政府审计介入后一年，中央企业获得的发明数量显著提高，与前面研究结论保持一致。

第五节　本章小结

本章以 2008～2017 年中央企业控股上市公司"三去一降一补"实施效果为研究对象，实证检验了政府审计功能的发挥对中央企业层面的供给侧结构性改革产生的影响。研究发现，政府审计功能的发挥有利于中央企业去产能、去杠杆和补短板的实现，但在去库存和降成本方面，政府审计的功能暂未显现。这与第四章基于地方政府层面的检验结果保持一致。

具体研究结论如下，（1）政府审计介入显著提高了中央企业产能利用率，且存在显著滞后效应；进一步研究发现，政府审计对中央企业产能利用率的影响存在增量效应，政府审计介入次数越多，中央企业产能利用率越高；政府审计对中央企业产能利用率的影响存在同省份威慑效应，同年同省份被审计的中央企业越多，未被审计中央企业的产能利用率越高。（2）政府审计介入显著降低了中央企业资产负债率，且存在显著滞后效应；进一步研究发现，政府审计对中央企业资产负债率的抑制作用存在增量效应，政府审计介入次数越多，中央企业资产负债率越低；政府审计对中央企业资产负债率的抑制作用存在同省份和同行业威慑效应，同年同省份（同年同行业）被审计的中央企业越多，未被审计中央企业的资产负债率越低。（3）政府审计介入显著增加了中央企业联合获得的发明数量，但该促进作用具有滞后效应；进一步研究发现，政府审计对中央企业创新的促进作用存在增量效应，政府审计介入次数越多，中央企业联合获得的发明数量越多；政府审计对中央企业创新的影响存在同省份威慑效应，当同年同省份被审计的中央企业越多时，未被审计中央企业联合获得的发明数量越多。（4）政府审计介入对房地产中央企业去库存和中央企业降成本的促进作用尚未体现。

　　本章的研究结论有利于更好地理解政府审计在中央企业层面的供给侧结构性改革中发挥的重要作用。对进一步明确政府审计在促进中央企业层面的供给侧结构性改革中的工作重心和规范政府审计行为具有一定的参考意义。同时也为中央企业供给侧结构性改革的贯彻落实提供一定借鉴。

第六章

政府审计促进供给侧结构性改革的实现方式

供给侧结构性改革作为当前经济发展中重要的战略性调控措施之一，对我国经济发展产生了重大影响，政府审计作为我国政治制度的重要组成部分，是我国重要的监督控制系统，应当担负起促进供给侧结构性改革的重要任务。本章将在政府审计促进供给侧结构性改革的理论分析和实证检验的基础上，探讨政府审计促进供给侧结构性改革的具体实现方式，以期为政府审计促进供给侧结构性改革的具体实践工作提供一定参考。具体来看，本章主要从推进审计全覆盖、完善政府审计相关制度、创新政府审计方法、改进政府审计方式四个方面对政府审计促进供给侧结构性改革的实现方式进行详细论述。

第一节   推进审计全覆盖

2015年11月，中共中央办公厅、国务院办公厅印发的《关于实行审计全覆盖的实施意见》明确指出，审计全覆盖的目标要求是对公共资金、国有资产、国有资源和领导干部履行经济责任情况实行审计全覆盖。本书的实证研究发现，政府审计对供给侧结构性改革的促进作用主要体现在去产能、去杠杆和补短板上，而在去库存和降成本上，政府审计的功能暂未显现。这说明，现阶段政府审计对供给侧结构性改革的监控可能并不全面，未能较好地覆盖到房地产去库存和企业降成本上。应通过扩大政府审计实施范围以实现对供给侧结构性改革的全覆盖。然而，审计全覆盖的推进需要大量审计人员的参与，在政府审计力量一定的情况下，通过推进审计职业化建设、提高审计人员工作效率和工作质量是实现审计全覆盖的重要途径。

一、扩大政府审计实施范围

第四章和第五章的实证研究发现，政府审计功能的发挥能对去产能、去杠杆和补短板产生促进作用，但在去库存和降成本上暂未发挥作用。这在某种程度上说明，在推进供给侧结构性改革过程中，政府审计实施范围暂未顾及供给侧结构性改革的每一个方面，政府审计对供给侧结构性改革的实施范

围有待进一步扩展，尤其应当关注房地产去库存和企业降成本的贯彻落实。后续阶段，政府审计在持续关注去产能、去杠杆和补短板的基础上，应将房地产去库存和企业降成本作为重中之重，以去库存和降成本政策落实情况、相关领导干部权力运行情况、相关国有资金的使用情况等多方面作为考察对象扩大审计范围，推进去库存和降成本政策的全面贯彻落实。

二、进行审计职业化建设

实施审计全覆盖和扩大政府审计范围加大了政府审计机关审计工作量，在审计力量有限的情况下，推进审计职业化建设是提高政府审计效率进而实现审计覆盖面的重要途径。政府审计机关审计人员目前的知识结构相对比较单一，较多的审计人员还是以传统的财务审计为主，对新时代下的公司运营结构、生产模式和信息化系统等并不十分熟悉，而且随着社会经济的全面发展，相关法律法规、制度规章也在不断更新，这些都对政府审计人员提出了更高的要求。供给侧结构性改革作为新时期重要的改革措施，涉及社会经济发展的方方面面，只有通过推进审计职业化建设，提高政府审计人员的执业能力，从而提高审计效率和审计质量进而实现全覆盖。

首先，应当建立清晰的职业准入规则。在招聘政府审计人员时除了注重其专业胜任能力之外，还应当对其综合能力进行考核以确保审计人员能符合政府审计机关实践工作的需求。此外，职业准入制度还应当根据不同的职位设定不同的条件，政府审计工作的环节众多，每个环节所需要的执业能力各不相同，因而在招聘政府审计人员时便应根据不同的需求招聘差异化的人才。其次，应当设定定期培训制度。经济社会不断变化发展，政府审计工作也会随之变动，审计人员原有的知识结构很可能并不适应新的审计需求。因此，应当对政府审计人员进行定期培训，提高其执业能力以确保其知识结构的与时俱进，不断跟上政府审计的工作要求。最后，还应当建立适当的考评机制。只有公平公正的业绩考核机制才能推动审计人员尽职履责，通过对审计业务工作情况进行实时考评，并用此作为薪酬和职位晋升的主要依据，以调动审计人员的工作积极性。

第二节　完善政府审计相关制度

　　制度是任何社会经济活动良好运行的基本前提，政府审计功能的有效发挥自然也离不开相关制度的建立和完善。下面就完善政府审计基本制度和完善政府审计公告制度两方面提出建议，如图6－1所示。

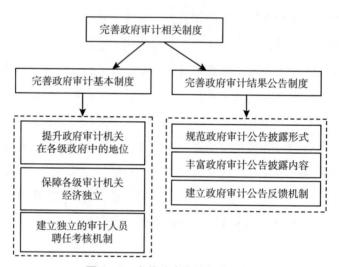

图6－1　完善政府审计相关制度

一、完善政府审计基本制度

　　审计独立性是审计的灵魂，是审计的最为重要的特征之一，也是审计监督的基本前提。《中华人民共和国审计法》对审计的独立性进行了相应的规定，分别从机构独立性、经济独立性和人事独立性三个方面进行了论述。我国的政府审计机关设置在各级地方政府内，审计机关本质上是各级政府的重要组成部分，各级政府掌握了审计机关的经费来源和重要的人事任免权，这使得政府审计机关的独立性在一定程度上受到影响。

　　因此，完善政府审计基本制度，提高政府审计独立性，是保障公共受托经济责任全面有效履行的重要保证，也是促进供给侧结构性改革措施顺利实

施的重要前提。（1）应当提升政府审计机关在各级政府中的地位，尽可能降低审计机关与政府之间的约束性联系，保持审计机构的独立性。与此同时，应大力加强上级审计机关对下级审计机关的业务领导，以提高审计的执业效率。（2）应减少各级地方政府对审计机关的经费管理，提高政府审计机关在经济来源上的独立性。将审计机关的经费来源从地方政府中剥离出来，从而减少各级政府对审计机关资源上的制约性，进而提高审计独立性。（3）还应建立和完善特有的审计人员聘任和考评机制，使各级审计机关的审计人事工作能够充分独立于各被审计单位。通过从机构设置、经费来源、人事任免上的变革提高政府审计机关的独立性，进而保障政府审计功能的充分发挥。

二、完善政府审计结果公告制度

政府审计公告制度是指政府相关部门通过各种形式，将政府审计相关信息向社会公众予以公示的一种基本制度。《中华人民共和国宪法》明确规定，人民作为公共财产的所有者，对公共财产的经营管理情况具有知情权和监督权。前面的实证研究也证实，政府审计报告和专项审计调查报告公告篇数越多，越有利于供给侧结构性改革的贯彻落实，这说明政府审计公告制度的设立和完善有利于政府审计功能的充分发挥。当前，我国政府审计公告主要包括中央预算执行和其他财政收支的审计工作报告、地方预算执行和其他财政收支的审计工作报告、中央企业资产负债损益审计结果、政策落实跟踪审计结果以及各类专项调查审计结果等。但现阶段，政府审计公告在披露的及时性、完整性和规范性上仍旧存在一定问题。大力推进政府审计公告制度，可以扩大政府审计信息传递的范围，满足更多审计信息使用者的要求，从而提高政府审计成果的运用水平。同时政府审计公告制度的完善也可以推动舆论的监督和社会的监督，有利于国家重大政策措施的落实，也有利于促进供给侧结构性改革的顺利实施。

完善政府审计公告制度，可以从披露形式、披露内容以及反馈机制三个方面入手。（1）规范政府审计公告的披露形式。将政府审计公告分为事前公告、事中公告和事后公告三种具体形式。政府审计机构在实施审计前，审计委托部门或其他相关部门可以将拟实施的政府审计项目予以公示，让社会公众了解本年度将对哪些机构、单位和人员进行审计。而在审计过程中，可以将工作进展情况进行实时公示，以保证审计过程的公开透明。政府审计机构在完成审计工作后，可以将审计结果以报告的形式予以公示，将移交司法、纪检和检察机关的案件予以公开，让社会公众了解政府审计工作的成果。（2）丰富政府审计公告的披露内容。目前，多数审计公告的披露内容仅包括了审计主要内容、审计发现主要问题和审计查出问题整改情况等政府审计结果性情况。建议在政府审计结果公告里详细披露对供给侧结构性改革实施审计的具体过程，包括审计范围的确定、审计证据的获取、审计结果的报告以及审计整改情况的后续跟踪报告等，进一步丰富政府审计结果公告的披露内容。（3）建立政府审计公告反馈机制。在政府审计公告公示后，公众可能对公告的具体内容存在质疑或疑惑，从而影响公告的公信力和威慑力。因此，应当建立相应的公告反馈机制，使信息使用者可以将发现的疑惑和问题反馈给公告编制和发布方，及时做出解释、调整和更改，以便社会公众和其他信息使用者更好地理解和运用公告所披露的审计信息。同时，完整的反馈机制也有利于帮助公告编制者发现现有公告的缺陷以便在后续的工作中予以改进，进而逐步丰富和完善政府审计公告信息披露内容和形式，从而保障政府审计公告实施效果。

第三节　创新政府审计方法

政府审计产生并发展于公共受托经济责任，经济社会的不断发展促使公共受托经济责任的内容不断拓展，政府审计的功能也应当随公共受托经济责任内容的拓展而延伸。为确保政府审计功能作用的充分发挥，必须不断创新政府审计方法以适应公共受托经济责任内容的拓展，从而保障和促进公共受托经济责任的全面有效履行。供给侧结构性改革作为当前重要的宏观调控措施之一，涉及的责任主体多且覆盖面广，使得对供给侧结构性改革实施情况

进行审计的难度较大。因而，创新政府审计方式，将一些先进的信息技术运用于监控供给侧结构性改革的具体实务工作中，可以更好地发挥政府审计的功能以促进供给侧结构性改革的顺利实施，如图6-2所示。

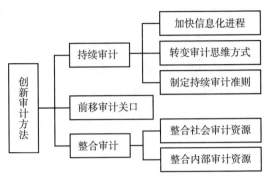

图6-2 创新政府审计方法

一、持续审计

持续审计是指审计师在委托人的委托下在相关业务发生的同时或较短的时间内提供审计报告，对相关业务提供保证的一种方法（AICPA/CICA，1999）。与传统的审计方式相区别的是持续审计更为强调时效性和连续性，同时对信息技术的要求也高于传统审计。推行持续审计在一定程度上可以提高审计覆盖率和审计效率。供给侧结构性改革作为当前经济发展的重大宏观调控措施之一，在具体内容上，包含了去产能、去库存、去杠杆、降成本和补短板五个方面，在作用层面上，包含了地方政府层面和中央企业层面，涉及经济社会发展的各个方面，提升了政府审计对供给侧结构性改革实施效果进行审计的广度和难度，因而在供给侧结构性改革相关审计工作中推行持续审计方法势在必行。

首先，持续审计对被审计单位的信息化提出了较高的要求，因此要加速提高以企业资源计划（ERP）系统和可扩展商业报告语言（XBRL）为代表的信息化水平，只有被审计单位有基本完善的信息化平台，持续审计的方式才能得到应用和推广。供给侧结构性改革所涉及的行业非常广泛，包含了大量信息化水平落后的传统行业，信息化发展的滞后严重制约了在供给侧结构性改革审计中实施持续审计的进程。其次，应当转变审计思维方式，提高业务素质。任何行业的改革或者发展，最为关键的都是作为主体的人的变化发展。持续审计是一种全新的审计方式，对审计人员的执业能力提出了更高的挑战，使得审计人员必须学习新的技术和知识。只有审计人员转换审计思维方式，接受并积极推进持续审计才能使之真正被运用到具体的审计工作中。最后，还应当加快有关持续审计准则的制定。现阶段，持续审计缺乏专业的理论指导，也缺乏具体的审计准则，审计人员很难落实具体工作。只有加快持续审计准则的制定，才能使持续审计的方法在政府审计的各个领域全面开展。

二、前移审计关口

"免疫系统论"曾指出，审计本质上是内生于国家治理中的一个"免疫系统"（刘家义，2012）。"免疫"强调提前预防预警，应用到审计实践，便是要求前移审计关口，进行事前监控。而现有的政府审计方式多为事后审计，在事前和事中进行的审计工作仍然相对较少，这使得当前的政府审计功能的发挥具有一定滞后性。本书的实证研究结论也显示政府审计在促进地方政府层面和中央企业层面的供给侧结构性改革作用中存在一定滞后效应。尤其是在对中央企业的作用上，甚至滞后两三期才发挥作用。李江涛等（2011）、蔡利和马可呐呐（2014）、蔡利和周微（2016）等的研究也验证了政府审计功能发挥存在明显滞后效应。因此，为提升政府审计实施效果，实现审计关口前移势在必行。在供给侧结构性改革的制度合理性审计中，政府审计应当提前介入，参与到各项规章制度的制定当中，为制度的合理制定提供决策参考意见。在对供给侧结构性改革所涉及的公共资金审计上，应当开展预算审计，使政府审计能够在资源配置阶段便起到引导作用，防止公共资源的错配。在对地方政府和中央企业领导干部的经济责任审计中实行任中审计，目前的经济责任审计多是离任审计，离任审计容易模糊权责界限，不利于审计问题整改和责任追究。实行任中审计可以更好地确定问题责任主体，有利于责令在任领导干部对不规范行为进行及时整改。

三、整合审计

整合审计是一种创新的审计形式，是指两个以上的审计组织或审计组织机构联合进行的审计。这种审计方式，既可采用政府审计系统内部各机构和地方审计部门的整合，也可以采取政府审计组织与社会审计组织或企业内部组织相整合等多种方式。本书所提的整合审计则主要是从宏观上来进行的定位，具体而言就是将整合审计诠释为将政府审计、社会审计以及内部审计三种审计方式进行有机结合并运用于具体审计实践的一种新型审计方式。这种新型的审计方式所具有的效用不仅仅只是三种审计方式的简单累加，其所起到的效用可以表现为"$1+1+1>3$"。整合审计所能实现的效果是政府审计、社会审计以及内部审计中任何一个单一的审计方式所不能达到的。原审计署审计长李金华曾指出，审计实践工作最大的问题是审计力量不能满足审计任务的基本需求。因此，应当整合政府审计、社会审计和内部审计资源以提高审计资源利用效率。

供给侧结构性改革涉及经济社会的各个方面，加大了政府审计工作的难度，在政府审计资源难以满足审计实践需求时，寻求整合审计的方式是保障政府审计功能发挥的重要途径。（1）整合社会审计资源。在审计力量不足的情况下，政府审计将审计重点放在实施供给侧结构性改革的重点领域和重大问题上，诸如对各级地方政府债务问题、大中型国有企业产能过剩问题、大中型"僵尸企业"债务过高问题、大型金融机构系统性风险问题等进行审计。而将违法违规问题较少或者规模较小的被审计单位的审计工作交由社会审计进行。以尽可能填补供给侧结构性改革审计中的监督空白。（2）整合内部审计资源。此处所指的内部审计着重于企业内部审计。将国有企业的内部审计与政府审计工作相结合，提高审计的整体效率。此外，内部审计机构对企业情况更为熟悉，掌握了解情况较多，审计方法也更为灵活多样，可以极大地弥补外部审计情况不熟的重大缺陷，同时还可以节约审计成本。在对供给侧结构性改革实施效果进行审计时，政府审计与社会审计和内部审计应当实现优势互补，从人员、技术等各个方面将三种审计方式有机结合，实现审计资源的整合。同时，将社会审计和内部审计融入政府审计的过程之中，更好地发挥政府审计促进供给侧结构性改革的功能。

第四节　改进政府审计方式

现有的政府审计方式众多，诸如制度合理性审计、经济责任审计、财务收支审计、专项审计调查、政策落实跟踪审计等，多样化的审计方式在一定程度上能促进政府审计功能的发挥。在促进供给侧结构性改革的贯彻落实中应进一步改进和强化各种政府审计方式，以确保政府审计功能充分地发挥，如图6-3所示。

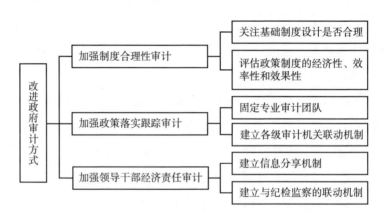

图6-3　改进政府审计方式

一、加强制度合理性审计

制度合理性审计，是指在一定的法律法规或标准的指导下，由政府审计机关作为实施主体，对制度的合理性进行的监督、鉴证和评价的活动。制度合理性审计主要关注基础制度设计的合理性和该制度下具体政策执行的经济性、效率性和效果性。现阶段，我国并无专门针对制度本身是否合理进行审计的政府审计类型，加强制度合理性审计有利于政府审计功能的发挥，更能

从制度层面保障国家重大政策措施的落实。

现阶段，诱发产能过剩、杠杆过高、房产库存积压等问题的重要原因之一便是相关制度设计的不合理，诸如财政分权制度下地方政府财权和事权的不匹配引起的地方政府债务、GDP 晋升激励制度下的地方官员的过度干预等。对于助推供给侧结构性改革的政府层面而言，政府审计应当重点关注现有政府层面相关制度的科学性和合理性，从宏观制度层面为供给侧结构性改革扫清障碍；对于实施供给侧结构性改革的企业层面而言，政府审计应当关注经营管理制度、内部控制制度以及薪酬激励制度等是否具有合理性和科学性，防止危害和抑制供给侧结构性改革顺利实施的制度性层面的漏洞和薄弱环节，促令其积极整改以完善相关制度安排。此外，还应通过对涉及供给侧结构性改革的制度进行定期评估，以确保相关制度能够与时俱进，符合经济社会的不断发展与进步的需要，从而在制度层面保障促进供给侧结构性改革的顺利实施。

二、加强政策落实跟踪审计

《国务院关于加强审计工作的意见》中要求各级审计机关要"持续组织对国家重大政策措施和宏观调控部署落实情况的跟踪审计"，进一步强化了政府审计在保障国家重大政策措施贯彻落实中的重要作用。《"十三五"国家审计工作发展规划》也明确了政策落实跟踪审计是政府审计发挥国家治理功能的重要途径之一。供给侧结构性改革作为当前经济发展中重要的宏观调控政策之一，政府审计应当加强对供给侧结构性改革政策的跟踪审计，通过事前、事中和事后监控结合的方式，对供给侧结构性改革政策落实的全过程进行实时监控，对发现的风险点和问题点进行及时纠偏，以充分发挥政府审计的功能，全面有效地促进供给侧结构性改革的顺利实施。

具体来看，可以从以下两个方面加强对供给侧结构性改革的政策落实跟踪审计工作。一是为供给侧结构性改革设置专门的审计团队，并尽可能固定每个审计团队的领导人员，从而保证审计团队核心领导的持续性。审计团队的固定便于审计人员持续地对同一政策执行情况进行跟踪落实，同时也更便于权责分明，有利于提高审计工作质量。二是建立上下级审计机关政策落实跟踪审计的联动机制。供给侧结构性改革政策落实涉及中央到地方的各级政府机关和企事业单位，每项措施贯彻落实也往往包含了各个层级的行为人。如果单独地对某一被审计单位进行审计很难发现供给侧结构性改革政策落实中的重大问题，更甚者会出现审计盲区，不利于政府审计功能的发挥。因此，建立供给侧结构性改革政策落实审计的上下联动机制不仅有利于提升政府审计执行效率，也有利于进一步推进供给侧结构性改革的贯彻落实。

三、加强领导干部经济责任审计

经济责任审计作为具有鲜明中国特色的国家审计方式之一，是主要针对党政干部和国有企业领导干部的经济责任履行情况开展的审计。习近平在中国共产党第十八届中央纪律检查委员会第二次全体会议上强调，"把权力关进制度的笼子里"。原审计署审计长刘家义也曾多次指出，要把经济责任审计工作纳入国家治理体系的重要内容。经过长时间的发展和完善，经济责任审计已然成为我国监督体系中的重要手段之一。现阶段，我国经济责任审计实施过程还存在一定缺陷，如审计范围不够、问责力度不够、结果公告不够等，严重制约了经济责任审计效能的发挥。在政府审计力量有限的情况下，经济责任审计可以通过对党政干部以及国有企业领导干部经济责任履行情况进行审计，从而达到对被审计单位的延伸审计。供给侧结构性改革政策的实施涉及经济社会的方方面面，涵盖了多个被审计主体。只有针对实施主体的经济责任审计才能较好地扩大对供给侧结构性改革的监控面。

那么，如何增强经济责任审计力度，以保障供给侧结构性改革的贯彻落实？本书认为可从以下两个方面着手。一是建立经济责任审计信息分享机制。经济责任审计和其他类型的审计方式存在一定交叉，同一领导干部可能同时被多种审计方式重复审计，不利于整合审计资源提升审计效率。应当在各审计机关之间建立良好的信息分享机制，及时传递审计结果，便于审计结果的充分利用。二是建立与纪检监察等部门的联动机制。现阶段，经济责任

审计力度不够的主要原因在于对被审计领导干部的惩处力度不够，使得一些违法违规行为反复出现，严重制约了政府审计功能的发挥。联动机制的建立有利于协调审计机关与司法、纪检监察机关之间的工作，加大对违法违规被审计行为人的惩处力度，提高政府审计威慑力，进而提升政策执行效果。

第七章

研究结论、主要创新、研究局限与未来研究方向改革开放以来，我国经济长期处于高速发展的状态。2008 年爆发全球性的金融危机，世界经济的发展进入萧条时期。中国经济由于受到外部环境的不利影响，面临较大的下行压力，中央政府出台一系列政策措施以期能通过扩大内需拉动经济发展，但效果并不明显。国内经济发展中表现出的需求不足成为表象，实质是供需错配制约了经济的可持续发展，因此，仅从需求侧发力难以解决我国当前经济发展面临的主要问题和主要矛盾。基于此，2015 年 11 月 10 日，习近平在中央财经领导小组第十一次会议上首次提出"供给侧结构性改革"的相关概念，强调"在适度扩大总需求的同时，着力加强供给侧结构性改革，着力提高供给体系质量和效率"。全面推进供给侧结构性改革已然成为新时期我国经济社会发展的重要战略性举措。政府审计作为宏观调控的重要工具，是促进经济发展、实现国家良好治理的重要监督控制系统，其本质是一种保障和促进公共受托经济责任全面有效履行的特殊的经济控制机制，政府审计理应成为促进供给侧结构性改革、推动经济平稳较快发展的重要工具和手段。本书从理论分析、实证检验和实现方式的角度，探讨了政府审计促进供给侧结构性改革的作用效果，以期为政府审计功能的发挥提供理论和实证支持。

第一节　研究结论

本书以政府审计为基本研究对象，探讨了政府审计促进供给侧结构性改革的作用效果。通过理论分析构建了政府审计促进供给侧结构性改革的理论分析框架，并基于地方政府层面和中央企业层面实证检验了政府审计对供给侧结构性改革产生的影响，提出了政府审计促进供给侧结构性改革的实现方式。本书得出了以下结论：

（1）供给侧结构性改革是通过调整经济结构和优化资源要素配置的方式提高有效供给并最终实现经济高质量发展的一种战略性改革措施。供给侧结构性改革的主要措施在于调整经济结构和优化资源要素配置；主要着力点在于"三去一降一补"；主要目的在于提高有效供给并最终实现经济高质量

发展。供给侧结构性改革按照主要内容和作用主体的不同可以拓展为五大任务——"三去一降一补"和两大作用层面——地方政府层面和中央企业层面。

（2）从政府审计促进供给侧结构性改革的基本理论依据来看，政府审计是在公共受托经济责任产生的基础之上产生的，并随着公共受托经济责任的发展而发展，其主要目的在于确保全面有效地履行公共受托经济责任（蔡春，2001）。政府审计能够促进供给侧结构性改革是公共受托经济责任内涵不断拓展的必然要求。现有的法律法规和政府审计实践工作也为政府审计促进供给侧结构性改革的功能发挥提供了理论支撑。从政府审计促进供给侧结构性改革的功能定位来看，政府审计在经济控制的本质功能下，可以通过发挥基本层次的监测功能和衍生层次的预防、预警、纠偏、修复功能促进供给侧结构性改革的贯彻落实。从政府审计促进供给侧结构性改革的作用路径来看，政府审计可以通过完善基础制度设计、监控经济权力运行和评估政策执行效果来促进地方政府层面的供给侧结构性改革；通过对中央企业的财务收支审计、领导干部经济责任审计和政策落实跟踪审计来促进中央企业层面的供给侧结构性改革。

（3）以2008～2016年为研究区间，实证检验了政府审计功能的发挥对地方政府层面的供给侧结构性改革产生的影响。研究发现，政府审计功能的发挥有利于各省份去产能、去杠杆和补短板的实施，但在各省份去库存和降成本方面，政府审计的功能暂未显现。具体来看，一是政府审计功能的发挥显著提高了各省份去产能的概率；进一步研究发现，政府审计功能发挥越强，各省份去产能程度越高；政府审计对各省份去产能概率的提升作用主要存在于国有企业规模占比较高的地区。二是政府审计功能的发挥显著降低了各省份地方政府债务规模；进一步研究发现，政府审计对地方政府债务的抑制作用存在一定滞后效应；政府审计对地方政府债务的抑制作用主要存在于GDP晋升压力较高的地区。三是政府审计功能的发挥显著增加了各省份专利获得数量；政府审计对各省份专利获得的增加作用存在一定滞后效应；在区分专利类型后发现，政府审计对发明专利、实用新型专利和外观设计专利的获得均存在显著增加作用。四是政府审计对各省份去库存和降成本的促进作用尚未体现。

（4）以2008～2017年中央企业控股上市公司"三去一降一补"实施效果为作用对象，实证检验了政府审计功能的发挥对中央企业层面的供给侧结构性改革产生的影响。研究发现，政府审计功能的发挥有利于中央企业去产能、去杠杆和补短板的实现，但在去库存和降成本方面，政府审计的功能暂未显现。具体来看，一是政府审计介入显著提高了中央企业产能利用率，且存在显著滞后效应；进一步研究发现，政府审计对中央企业产能利用率的影响存在增量效应，政府审计介入次数越多，中央企业产能利用率越高；政府审计对中央企业产能利用率的影响存在同省份威慑效应，同年同省份被审计的中央企业越多，未被审计中央企业的产能利用率越高。二是政府审计介入显著降低了中央企业资产负债率，且存在显著滞后效应；进一步研究发现，政府审计对中央企业资产负债率的抑制作用存在增量效应，政府审计介入次数越多，中央企业资产负债率越低；政府审计对中央企业资产负债率的抑制作用存在同省份和同行业威慑效应，同年同省份（同年同行业）被审计的中央企业越多，未被审计中央企业的资产负债率越低。三是政府审计介入显著增加了中央企业联合获得的发明数量，但该促进作用具有滞后效应；进一步研究发现，政府审计对中央企业创新的促进作用存在增量效应，政府审计介入次数越多，中央企业联合获得的发明数量越多；政府审计对中央企业创新的影响存在同省份威慑效应，当同年同省份被审计的中央企业越多，未被审计中央企业联合获得的发明数量越多。四是政府审计介入对房地产中央企业去库存和中央企业降成本的促进作用尚未体现。

（5）在政府审计促进供给侧结构性改革的实现方式上，本书认为可以通过扩大政府审计范围和推行审计职业化建设来推进审计全覆盖；通过完善政府审计基本制度和政府审计结果公告制度来完善政府审计相关制度；应在供给侧结构性改革审计实践中推行持续审计和整合审计，并将审计端口前移，以提高政府审计效率和效果；同时加强对供给侧结构性改革中的制度合理性审计、政策落实情况跟踪审计和相关领导干部的经济责任审计以实现对

供给侧结构性改革的全程监控，从而保障供给侧结构性改革的贯彻落实。

第二节　主要创新

本书将政府审计作为基本研究对象，以公共受托经济责任为基本理论依据，以政府审计的经济控制功能为基本出发点，从理论和实证的角度系统深入地考察了政府审计对供给侧结构性改革的作用，并在理论分析和经验研究的基础之上，探讨了政府审计促进供给侧结构性改革的具体实现路径。本书的主要创新体现在以下三个方面：

1. 构建了政府审计促进供给侧结构性改革的理论分析框架

本书在界定和拓展供给侧结构性改革内涵的基础上，从基本理论依据、功能定位和作用路径三个方面构建了政府审计促进供给侧结构性改革的理论分析框架。从公共受托经济责任内涵拓展层面、政府审计本质功能发挥层面、法律法规层面和政府审计实践需求层面探讨了政府审计促进供给侧结构性改革的基本理论依据；从政府审计基本层次的监测功能和衍生层次的预防、预警、纠偏和修复功能探讨了政府审计促进供给侧结构性改革的功能定位；从完善基础制度设计、监控经济权力运行、评估政策执行效果、审查财务收支等多方面探讨了政府审计促进供给侧结构性改革的作用路径。理论框架的构建丰富了政府审计经济后果方面的研究，有利于理解政府审计在促进供给侧结构性改革中的重要作用。

2. 丰富了政府审计促进供给侧结构性改革的实证研究

现有文献多用规范的研究范式对政府审计在供给侧结构性改革中的促进作用进行探讨，用实证的范式对两者的关系进行检验的文献相对匮乏，这可能是受制于政府审计和供给侧结构性改革数据获取和匹配上的难度。本书按照实施主体的不同将供给侧结构性改革划分为地方政府层面和中央企业层面，分别以各省份和中央企业的"三去一降一补"实施效果为作用对象，实证检验了政府审计对供给侧结构性改革的促进作用。在一定程度上弥补了现有研究的不足，也能为后续实证研究提供一定参考。

3. 提出了政府审计促进供给侧结构性改革的实现方式

政府审计促进供给侧结构性改革的实现方式是政府审计功能发挥的重大保障，应结合政府审计的基本特征和供给侧结构性改革的内在含义以及政府审计促进供给侧结构性改革在实践中面临的具体问题，探讨政府审计促进供给侧结构性改革的实现方式。本书从推进审计全覆盖、完善政府审计相关制度、创新政府审计方法和改进政府审计方式四个方面探讨了政府审计促进供给侧结构性改革的实现方式。可以为政府审计实践工作提供一定参考。

第三节　研究局限

本书可能存在以下不足之处：（1）政府审计功能发挥的衡量并不十分全面。本书在地方政府层面的研究中，以审计力量、审计执行力度和审计信息披露力度来衡量政府审计功能的发挥可能存在一定遗漏。《中国审计年鉴》披露的审计信息不够全面且存在滞后性，审计结果公告制度和审计工作报告披露的信息缺乏连续性和系统性，使得本书在选取政府审计功能发挥的替代指标时存在一定局限；（2）研究样本存在一定局限。在考察中央企业层面的供给侧结构性改革时，以中央企业控股上市公司为基本研究对象，未囊括中央企业非上市公司，这可能使样本存在一定局限；（3）仅检验了政府审计对供给侧结构性改革现阶段任务"三去一降一补"的促进作用，可能具有一定时效性。现阶段任务会随着经济社会的不断发展而变化，供给侧结构性改革可能出现新的目标任务，这可能使得本书具有一定时效性。

第四节　未来研究方向

供给侧结构性改革作为现阶段经济发展的重要战略性措施之一，将对经济社会的发展产生巨大影响，如何全面有效地推进供给侧结构性改革是未来很长一段时间将要深入探讨的重要话题。本书从政府审计的视角切入，对供

给侧结构性改革中政府审计发挥作用的机理和路径等进行了探讨，仅是沧海一粟，未来应当持续深入地对政府审计与供给侧结构性改革的关系进行研究，以更好地推动政府审计功能的发挥。未来研究可以从以下几个方面拓展：

1. 拓展供给侧结构性改革的主要内容

本书在实证检验政府审计对供给侧结构性改革的促进作用时，主要基于供给侧结构性改革的五大阶段性任务"三去一降一补"进行检验，且仅从地方政府层面和中央企业层面进行了考察。供给侧结构性改革内涵十分丰富，会随经济社会的发展变化而不断拓展。未来的研究可以从广度和深度上进行拓展，如考察政府审计对地方国有企业和各类金融机构供给侧结构性改革的影响，从而拓展政府审计与供给侧结构性改革的相关研究领域。

2. 改进政府审计功能发挥的衡量方式

本书主要从《中国审计年鉴》和中央企业审计结果公告中获取政府审计的相关数据。现阶段，审计年鉴中的数据并不十分翔实且存在一定滞后性，而政府审计公告相关数据缺乏连续性和系统性，使得政府审计功能发挥的替代指标存在一定局限。可考虑将调查研究、实验研究等研究方法用于政府审计研究，通过不同的研究方法设计更加全面系统的指标体系来对政府审计功能的发挥进行量化。

3. 深化政府审计促进供给侧结构性改革作用效果的作用机制

本书主要从地方政府和中央企业两个层面，分析了政府审计对供给侧结构性改革的促进作用，但并未深入探讨政府审计促进供给侧结构性改革的具体影响机制。未来可进一步深化作用机制方面的研究，如进一步考察政府审计是否通过减少政府干预、降低信息不对称、规范投资行为等方式来促进供给侧结构性改革的贯彻落实。

4. 完善政府审计促进供给侧结构性改革的实现方式

本书仅从推进审计全覆盖、完善政府审计相关制度、创新政府审计方法以及改进政府审计方式四个方面探讨了政府审计促进供给侧结构性改革的实现方式，而影响政府审计功能发挥的因素很多，未来应进一步探索政府审计促进供给侧结构性改革的实现方式，如可以从与其他监督部门协作、开展大数据审计、建立完善的预警机制等方面继续补充和完善政府审计促进供给侧结构性改革的实现方式。

参考文献

[1] 巴曙松，王劲松，李琦．从城镇化角度考察地方债务与融资模式 [J]．中国金融，2011 (19): 20 – 22.

[2] 步丹璐，石翔燕，狄灵瑜．晋升压力、资本市场效率与产能过剩 [J]．北京工商大学学报（社会科学版），2017, 32 (1): 8 – 18.

[3] 蔡春，李明，毕铭悦．构建国家审计理论框架的有关探讨 [J]．审计研究，2013 (3): 3 – 10.

[4] 蔡春，朱荣，蔡利．国家审计服务国家治理的理论分析与实现路径探讨——基于受托经济责任观的视角 [J]．审计研究，2012 (1): 6 – 11.

[5] 蔡春．殊荣当归谁?——审计理论探索第一人林姆佩格 [J]．会计之友，2000 (3): 4 – 6.

[6] 蔡春．审计理论结构研究 [M]．大连：东北财经大学出版社，2001.

[7] 蔡春．环境变化条件下国家审计对国有企业的审计权及其实现形式 [J]．审计理论与实践，2001 (5): 8 – 11.

[8] 蔡春．受托经济责任——现代会计、审计之魂 [J]．会计之友，2000 (10): 15.

[9] 蔡利，马可哪呐．政府审计与国企治理效率——基于央企控股上市公司的经验证据 [J]．审计研究，2014 (6): 48 – 56.

[10] 蔡利，周微．政府审计与银行业系统性风险监控研究 [J]．审计研究，2016 (2): 50 – 57.

[11] 曹玉庭．浅议审计职能 [J]．广西财务与会计，1987 (5): 38 –

39.

　　[12] 查英男. 营业收入实现和确认问题的探讨 [J]. 会计研究, 1992
(6): 36 - 40.

　　[13] 常华兵. 助推供给侧改革的审计策略探讨 [J]. 中国注册会计师,
2018 (3): 93 - 95.

　　[14] 陈宝东, 邓晓兰. 财政分权、金融分权与地方政府债务增长 [J].
财政研究, 2017 (5): 38 - 53.

　　[15] 陈海红, 陈宋生, 罗少东. 政府审计提升投资效率研究 [J]. 中
国审计评论, 2014 (2): 21 - 38.

　　[16] 陈汉文, 周中胜. 内部控制质量与企业债务融资成本 [J]. 南开
管理评论, 2014, 17 (3): 103 - 111.

　　[17] 陈菁, 李建发. 财政分权、晋升激励与地方政府债务融资行
为——基于城投债视角的省级面板经验证据 [J]. 会计研究, 2015 (1):
61 - 67.

　　[18] 陈丽红, 张龙平, 朱海燕. 国家审计能发挥反腐败作用吗? [J].
审计研究, 2016 (3): 48 - 55.

　　[19] 陈宋生, 陈海红, 潘爽. 审计结果公告与审计质量——市场感知
和内隐真实质量双维视角 [J]. 审计研究, 2014 (2): 18 - 26.

　　[20] 陈晓燕. 论审计职能定位与审计内容的变革 [J]. 河北审计,
2000 (11): 7 - 8.

　　[21] 陈筱玥. 政府审计监督对国企盈余管理行为的影响研究——以审
计署公布的 2011 年财务收支审计国企上市公司为例 [J]. 赤峰学院学报
(自然版), 2014 (17): 32 - 33.

　　[22] 陈永涛. 中国审计学会和中国内审学会举办学术报告会 [J]. 审
计研究, 1989 (6): 11.

　　[23] 陈志勇, 陈思霞. 制度环境、地方政府投资冲动与财政预算软约
束 [J]. 经济研究, 2014 (3): 76 - 87.

　　[24] 陈忠银. 试论审计监督在治理经济环境、整顿经济秩序中的任务

[J]. 审计研究，1989（1）：31 – 35.

[25] 程军，刘玉玉. 国家审计与地方国有企业创新——基于经济责任审计的视角 [J]. 研究与发展管理，2018，30（2）：82 – 92.

[26] 程仲鸣，夏新平，余明桂. 政府干预、金字塔结构与地方国有上市公司投资 [J]. 管理世界，2008（9）：37 – 47.

[27] 褚剑，方军雄. 政府审计的外部治理效应：基于股价崩盘风险的研究 [J]. 财经研究，2017，43（4）：133 – 144.

[28] 褚剑，方军雄. 政府审计能够抑制国有企业高管超额在职消费吗？[J]. 会计研究，2016（9）：82 – 89.

[29] 褚剑，方军雄，秦璇. 政府审计能促进国有企业创新吗？[J]. 审计与经济研究，2018，33（6）：10 – 21.

[30] 邓磊，王瑞梅，赵婧洁. 基于供给体系优化视角的信息共享价值研究 [J]. 管理现代化，2016，36（4）：95 – 97.

[31] 邓晓兰，陈宝东. 经济新常态下财政可持续发展问题与对策——兼论财政供给侧改革的政策着力点 [J]. 中央财经大学学报，2017（1）：5 – 12.

[32] 丁达明. 供给侧改革中审计机关如何作为 [J]. 审计与理财，2016（9）：17 – 18.

[33] 董大胜. 国家、国家治理与国家审计——基于马克思主义国家观和中国国情的分析 [J]. 审计研究，2018（5）：3 – 11.

[34] 董大胜. 深化审计基本理论研究推动审计管理体制改革 [J]. 审计研究，2018（202）：5 – 8.

[35] 董敏杰，梁泳梅，张其仔. 中国工业产能利用率：行业比较、地区差距及影响因素 [J]. 经济研究，2015（50）：84 – 98.

[36] 董事网络、信息传递与债务融资成本 [J]. 管理科学，2013（26）：55 – 64.

[37] 冯均科. 论市场经济条件下我国审计制度的改革与完善 [J]. 财经理论与实践，1994（2）：56 – 58.

［38］冯圆. 实体经济企业降成本的路径选择与行为优化研究［J］. 会计研究，2018（1）：9－15.

［39］傅贻忙，周建军，孙倩倩，等. 多元城镇化、门槛效应与房地产库存：理论解释与实证检验［J］. 财经理论与实践，2018，39（3）：130－136.

［40］干春晖，邹俊，王健. 地方官员任期、企业资源获取与产能过剩［J］. 中国工业经济，2015（3）：44－56.

［41］高明耀，王林扶. 审计职能的再认识［J］. 军事经济研究，1990（8）：70－71.

［42］高培勇. 由适应市场经济体制到匹配国家治理体系——关于新一轮财税体制改革基本取向的讨论［J］. 财贸经济，2014，35（3）：5－20.

［43］耿强，江飞涛，傅坦. 政策性补贴、产能过剩与中国的经济波动——引入产能利用率RBC模型的实证检验［J］. 中国工业经济，2011（5）：27－36.

［44］耿强，李群，张永杰. 新凯恩斯框架下中国通货膨胀动态变化及货币政策分析［J］. 审计与经济研究，2011，26（3）：92－99.

［45］龚强，王俊，贾坤. 财政分权视角下的地方政府债务研究：一个综述［J］. 经济研究，2011（7）：144－156.

［46］郭月梅，蒋勇，武海燕. 新供给经济学视角下扩大消费需求的财税政策探讨［J］. 税务研究，2015（9）：24－29.

［47］韩国高，迟绍祥. 财政分权背景下税制结构对工业产能利用率的影响研究［J］. 北京工商大学学报（社会科学版），2018，33（2）：94－104.

［48］韩国高，高铁梅，王立国，等. 中国制造业产能过剩的测度、波动及成因研究［J］. 经济研究，2011，46（12）：18－31.

［49］韩国高，胡文明. 要素价格扭曲如何影响了我国工业产能过剩？——基于省际面板数据的实证研究［J］. 产业经济研究，2017（2）：49－61.

[50] 韩国高.货币政策与城镇化政策对房地产市场的影响研究——来自我国31个省市的证据[J].投资研究,2015(3):39-50.

[51] 韩增华.中国地方政府债务风险的预算管理与分权体制完善[J].经济体制改革,2011(4):142-145.

[52] 郝其荣.地方税收竞争对产能过剩的影响——基于省级面板数据的分析[J].时代经贸,2017(16):58-60.

[53] 何欢浪,张曼.央地关系、地方保护与我国各省产能利用率的实证分析[J].软科学,2018,32(5):10-13.

[54] 何静.非营利组织财务信息披露的筹资效应分析[J].现代经济信息,2018(11):297.

[55] 何杨,满燕云.地方政府债务融资的风险控制——基于土地财政视角的分析[J].财贸经济,2012(5):45-50.

[56] 胡鞍钢,周绍杰,任皓.供给侧结构性改革:适应和引领中国经济新常态[J].社会科学文摘,2016(8):45.

[57] 胡雪峰.基于市场经济的视角谈推进反腐倡廉制度建设,建立权力运行内控机制[J].经济师,2016(4):49.

[58] 黄春元,毛捷.财政状况与地方债务规模——基于转移支付视角的新发现[J].财贸经济,2015,36(6):18-31.

[59] 黄溶冰,王跃堂.我国省级审计机关审计质量的实证分析(2002-2006)[J].会计研究,2010(6):70-76.

[60] 黄溶冰,乌天玥.国家审计质量与财政收支违规行为[J].中国软科学,2016(1):165-175.

[61] 黄瑜.2010年上半年房地产政策评估研究[J].中国房地产,2010(9):25-27.

[62] 黄瑜.货币政策对房地产市场供求影响的动态测度——基于状态空间模型的实证[J].经济管理,2010(11):16-20.

[63] 霍同美子.政府审计对央企经营绩效的影响研究[J].绿色财会,2017(4):5-11.

［64］贾康，苏京春．创新与优化：健全社保经办服务体系［J］．地方财政研究，2014（4）：13 – 15.

［65］贾康，苏京春．论供给侧改革［J］．管理世界，2016，270（3）：1 – 24.

［66］贾康，苏京春．现阶段我国中央与地方事权划分改革研究［J］．财经问题研究，2016（10）：71 – 77.

［67］贾康．三去一降一补侧重供给管理［J］．经济，2016（22）：7.

［68］贾康．提升制度供给有效性 推进 PPP 创新发展［J］．财政监督，2017（13）：26 – 31.

［69］姜子叶，胡育蓉．财政分权、预算软约束与地方政府债务［J］．金融研究，2016（2）：198 – 206.

［70］蒋卓含，卢建平．萨伊定律与凯恩斯革命——经济学视阈下的供给侧改革［J］．西安电子科技大学学报（社会科学版），2017，27（1）：9 – 13.

［71］金海年．新供给经济增长理论：中国改革开放经济表现的解读与展望［J］．财政研究，2014（11）：2 – 7.

［72］凯恩斯．就业、利息和货币通论［M］．北京：商务印书馆，1936.

［73］阚京华，郭欣慧．我国国家审计发挥腐败治理功能效果的实证研究——基于省级行政区的数据检验［J］．南京财经大学学报，2017（5）：46 – 57.

［74］康丕菊，彭志远．外部性、社会福利与有机农业财税扶持政策研究［J］．云南农业大学学报（社会科学），2017，11（3）：85 – 88.

［75］黎文靖，郑曼妮．实质性创新还是策略性创新？——宏观产业政策对微观企业创新的影响［J］．经济研究，2016，51（4）：60 – 73.

［76］李昊．对应用公允价值概念进行会计计量的浅析［J］．生产力研究，2010（3）：244 – 246.

［77］李宏瑾．房地产市场、银行信贷与经济增长——基于面板数据的

经验研究 [J]. 国际金融研究，2005（7）：30－36.

[78] 李江涛，曾昌礼，徐慧. 国家审计与国有企业绩效——基于中国工业企业数据的经验证据 [J]. 审计研究，2015（4）：47－54.

[79] 李江涛，苗连琦，梁耀辉. 经济责任审计运行效果实证研究 [J]. 审计研究，2011（3）：24－30.

[80] 李奎斗. 试谈加强建筑业审计的必要性 [J]. 哈尔滨商业大学学报：社会科学版，1988（1）：23－27.

[81] 李坤. 国家治理机制与国家审计的三大方向 [J]. 审计研究，2012（4）：20－25.

[82] 李明，聂召. 国家审计促进地方经济发展的作用研究——来自省级地方政府的经验证据 [J]. 审计研究，2014（6）：36－41.

[83] 李明. 国家审计提升地方政府治理效率的实证研究——兼评地方国家审计机关的双重领导体制 [J]. 经济与管理评论，2015（3）：60－67.

[84] 李齐辉. 国家治理视角的制度审计探讨 [J]. 审计研究，2013（5）：29－34.

[85] 李青原，马彬彬. 国家审计与社会审计定价：顺风车还是警示灯？——基于我国央企控股上市公司的经验证据 [J]. 经济管理，2017（7）：151－164.

[86] 李若山. 审计理论结构探讨 [J]. 审计研究，1995（3）：15－18.

[87] 李升，王冬. 地方债改革：现状、问题与对策 [J]. 经济与管理评论，2016（1）：89－97.

[88] 李婷. "营改增" 征收管理问题研究 [J]. 现代商贸工业，2015，36（19）：187－188.

[89] 李伟. 谈谈审计监督在治理经济环境、整顿经济秩序中的作用 [J]. 审计研究，1989（1）：34－35.

[90] 李翔华. 会计同财务关系辨析 [J]. 厦门大学学报：哲学社会科学版，1987（4）：141－146.

[91] 李小波，吴溪. 国家审计公告的市场反应：基于中央企业审计结

果的初步分析 [J]. 审计研究, 2013 (4): 85 – 92.

[92] 李勇. 国有企业真的抑制了自主创新吗? [J]. 中南财经政法大学学报, 2017 (4): 20 – 29.

[93] 李争光, 曹丰, 赵西卜, 等. 机构投资者异质性、会计稳健性与债务资本成本 [J]. 当代财经, 2017 (2): 122 – 132.

[94] 廖义刚, 陈汉文. 国家治理与国家审计: 基于国家建构理论的分析 [J]. 审计研究, 2012 (2): 9 – 13.

[95] 林毅夫, 巫和懋, 邢亦青. "潮涌现象" 与产能过剩的形成机制 [J]. 经济研究, 2010 (10): 118.

[96] 林毅夫. 潮涌现象与发展中国家宏观经济理论的重新构建 [J]. 经济研究, 2007 (1): 126 – 131.

[97] 刘斌, 黄坤, 王雷. 谁更愿意去库存: 国有还是非国有房地产企业? [J]. 经济研究, 2018, 609 (6): 114 – 128.

[98] 刘斌, 孙九伦, 姚瑶. 推进城镇化、降低房价与房地产去库存——对我国 35 个大中城市的经验分析 [J]. 西部论坛, 2017, 27 (3): 79 – 87.

[99] 刘更新, 刘晓林. 国家审计服务国家治理: 功能体系和实现路径 [J]. 财经科学, 2014 (6): 108 – 114.

[100] 刘航, 孙早. 城镇化动因扭曲与制造业产能过剩——基于 2001—2012 年中国省级面板数据的经验分析 [J]. 中国工业经济, 2014 (11): 5 – 17.

[101] 刘家义. 更好地履行审计监督职责 [J]. 工业审计与会计, 2015 (6): 3 – 4.

[102] 刘家义. 国家治理现代化进程中的国家审计: 制度保障与实践逻辑 [J]. 中国社会科学, 2015 (9): 64 – 83.

[103] 刘家义. 论国家治理与国家审计 [J]. 中国社会科学, 2012 (6): 60 – 72.

[104] 刘雷, 崔云, 张筱. 政府审计维护财政安全的实证研究——基于省级面板数据的经验证据 [J]. 审计研究, 2014 (1): 35 – 42.

［105］刘孟琦. 国外社会保障法制度模式对我国的启示［J］. 科技创业月刊, 2005（6）: 113 – 114.

［106］刘伟, 李连发. 地方政府融资平台举债的理论分析［J］. 金融研究, 2013（5）: 126 – 139.

［107］刘伟, 苏剑. 供给管理与我国现阶段的宏观调控［J］. 经济研究, 2007（2）: 4 – 15.

［108］刘伟. 我国经济增长及失衡的新变化和新特征［J］. 经济学动态, 2014（3）: 4 – 10.

［109］刘媛媛, 刘斌. 盈余储备、投资决策与信息含量——来自我国房地产上市公司 1995 – 2010 年的经验证据［J］. 会计研究, 2012（6）: 38 – 45.

［110］吕培俭. 严格财经纪律　维护经济秩序　充分发挥审计监督在治理整顿中的作用——吕培俭同志在全国审计工作会议上的讲话［J］. 审计研究, 1990（2）: 5 – 11.

［111］马海涛, 任致伟. 预算透明度、竞争冲动与异质地方政府性债务——来自审计结果的证据［J］. 广东财经大学学报, 2016, 31（6）: 27 – 36.

［112］马琳琳. 供给学派与中国的经济现状研究［J］. 东南大学学报（哲学社会科学版）, 2006（S1）: 72 – 74.

［113］毛捷和黄春元. 地方债务、区域差异与经济增长——基于中国地级市数据的验证［J］. 金融研究, 2018, 455（5）: 5 – 23.

［114］毛雨语. 试析国家审计在国家治理现代化中的作用［J］. 中国总会计师, 2018（3）: 124 – 125.

［115］聂新军. 现代政府审计职能及其履行［J］. 企业经济, 2008（6）: 167 – 169.

［116］蒲丹琳, 王善平. 官员晋升激励、经济责任审计与地方政府投融资平台债务［J］. 会计研究, 2014（5）: 88 – 93.

［117］蒲丹琳, 王善平. 政府审计、媒体监督与财政安全［J］. 当代财

经，2011（3）：47－53.

[118] 亓为康. 浅析供给侧结构性改革与西方供给理论的差异 [J]. 商业经济，2018（2）：108－109.

[119] 钱爱民，付东. 政治关联与企业产能过剩——基于政府治理环境视角的实证检验 [J]. 北京工商大学学报（社会科学版），2017，32（1）：19－30.

[120] 乔海曙，杨蕾. 论金融供给侧改革的思路与对策 [J]. 金融论坛，2016（9）：14－20.

[121] 秦娟. 供给侧改革对进出口贸易的影响研究 [D]. 合肥：安徽大学，2017.

[122] 秦荣生. 公共受托经济责任理论与我国政府审计改革 [J]. 审计研究，2004（6）：16－20.

[123] 秦荣生. 深化政府审计监督　完善政府治理机制 [J]. 审计研究，2007（1）：3－9.

[124] 萨伊. 政治经济学概论 [M]. 北京：商务印书馆，1997.

[125] 邵同尧，潘彦. 风险投资、研发投入与区域创新——基于商标的省级面板研究 [J]. 科学学研究，2011，29（5）：793－800.

[126] 修宗峰，黄健柏. 市场化改革、过度投资与企业产能过剩——基于我国制造业上市公司的经验证据 [J]. 经济管理，2013（7）：1－12.

[127] 水志仁. 新形势下如何深化财政审计 [J]. 浙江审计，2003（3）：22－23.

[128] 宋常. 发挥审计"免疫"功能　促进科学发展及社会和谐 [J]. 中国审计，2009（8）：30－31.

[129] 宋慧英. 现代风险导向审计 [J]. 内蒙古煤炭经济，2007（2）：83－85.

[130] 孙丽. 新形势下内部审计风险的防范途径 [J]. 科技经济导刊，2017（34）：196.

[131] 孙铮，李增泉，王景斌. 所有权性质、会计信息与债务契约——

来自我国上市公司的经验证据 [J]. 管理世界, 2006 (10): 100 - 107.

[132] 覃霞凤. 浅析国家审计"免疫系统"功能 [J]. 商业会计, 2013 (20): 53 - 54.

[133] 谭高. 供给侧结构性改革内涵、意义与实践路径分析 [J]. 当代经济, 2017 (4): 20 - 22.

[134] 谭劲松, 宋顺林. 国家审计与国家治理: 理论基础和实现路径 [J]. 审计研究, 2012 (2): 3 - 8.

[135] 唐雪松, 周晓苏, 马如静. 政府干预、GDP 增长与地方国企过度投资 [J]. 金融研究, 2010 (8): 99 - 112.

[136] 滕泰. 更新供给结构、放松供给约束、解除供给抑制——新供给主义经济学的理论创新 [J]. 世界经济研究, 2013 (12): 3 - 8.

[137] 汪德华. 供给侧结构性改革与国家审计创新发展 [J]. 郑州大学学报: 哲学社会科学版, 2016 (6): 61 - 64.

[138] 王兵, 鲍圣婴, 阚京华. 国家审计能抑制国有企业过度投资吗? [J]. 会计研究, 2017 (9): 83 - 89.

[139] 王超, 蒋萍, 孙茜. 研发投入对省域创新绩效的影响分析——基于空间面板数据的估计 [J]. 太原理工大学学报 (社会科学版), 2017, 35 (5): 39 - 46.

[140] 王德升, 阎金锷. 试论审计的本质 [J]. 经济理论与经济管理, 1985, (2): 43 - 46.

[141] 王国刚. "去杠杆": 范畴界定、操作重心和可选之策 [J]. 经济学动态, 2017 (7): 16 - 25.

[142] 王金明, 高铁梅. 对我国房地产市场需求和供给函数的动态分析 [J]. 中国软科学, 2004 (4): 69 - 74.

[143] 王明虎, 郑军. 宏观经济增长、资本结构波动和债务资本成本 [J]. 北京工商大学学报: 社会科学版, 2016, 31 (5): 68 - 76.

[144] 王然, 燕波, 邓伟根. FDI 对我国工业自主创新能力的影响及机制——基于产业关联的视角 [J]. 中国工业经济, 2010 (11): 16 - 25.

［145］王善平，李志军．银行持股、投资效率与公司债务融资［J］．金融研究，2011（5）：184－193.

［146］王术华．财政压力、政府支出竞争与地方政府债务——基于空间计量模型的分析［J］．经济与管理评论，2017（5）：74－82.

［147］王文甫，明娟，岳超云．企业规模、地方政府干预与产能过剩［J］．管理世界，2014（10）：17－36.

［148］王叙果，张广婷，沈红波．财政分权、晋升激励与预算软约束——地方政府过度负债的一个分析框架［J］．财政研究，2012（3）：10－15.

［149］王瑶瑶．政府审计对国有企业去杠杆影响研究［D］．南京：南京审计大学，2018.

［150］王永钦．软预算约束与中国地方政府债务违约风险：来自金融市场的证据［J］．经济研究，2016（11）：100－113.

［151］王玉凤．国家审计推动供给侧改革的路径选择［J］．审计月刊，2016（1）：21－22.

［152］韦德洪，覃智勇，唐松庆．政府审计效能与财政资金运行安全性关系研究——基于审计年鉴数据的统计和实证研究［J］．审计研究，2010（3）：9－14.

［153］魏加宁．回顾与前瞻：中国"和平崛起"发展道路正面临若干重大战略转变［J］．杭州金融研修学院学报，2004（9）：4－9.

［154］魏鹏．供给侧改革促进经济中高速增长——基于2004－2015年省际面板数据实证分析［J］．经济问题探索，2016（10）：18－27.

［155］魏巍贤，李阳．我国房地产需求的地区差异分析［J］．统计研究，2005，22（9）：56－60.

［156］吴秋生，郭檬楠，上官泽明．地方审计机关负责人任免征求上级意见提高审计质量了吗？——来自我国地市级审计机关负责人任免的证据［J］．审计研究，2016（4）：28－34.

［157］吴秋生，上官泽明．国家审计本质特征、审计结果公告能力与国家治理能力——基于81个国家的经验数据［J］．审计与经济研究，2016

（2）：14 - 22.

[158] 吴勋，王琳. 财政分权、区域经济发展与国家审计功能——基于省级审计机关的面板数据分析 [J]. 经济问题，2015（10）：107 - 112.

[159] 吴勋，王雨晨，高黎力，等. 国家审计机关地位与审计功能的实现——基于《中国审计年鉴》的分析 [J]. 西安财经学院学报，2017（5）：52 - 57.

[160] 吴勋，王雨晨. 财政分权、经济责任审计功能与官员腐败——基于省级面板数据的实证研究 [J]. 经济问题，2016（12）：124 - 128.

[161] 吴业奇. 地方政府审计查处问题影响因素研究——以江苏省为例 [J]. 现代经济信息，2016（27）：141 - 142.

[162] 吴业奇. 政府审计对于上市中央企业的治理效应研究 [J]. 中国审计评论，2017.

[163] 萧英达. 比较审计学 [M]. 北京：中国财政经济出版社，1991.

[164] 谢福泉，黄俊晖. 城镇化与房地产市场供需：基于中国数据的检验 [J]. 上海经济研究，2013（8）：115 - 123.

[165] 邢维全. 国家审计治理、晋升激励与经济增长绩效——基于2002—2013年我国省级面板数据的实证研究 [J]. 江汉学术，2017，36（3）：5 - 13.

[166] 徐玉德，李挺伟，洪金明. 制度环境、信息披露质量与银行债务融资约束——来自深市 A 股上市公司的经验证据 [J]. 财贸经济，2011（5）：51 - 57.

[167] 许远明，欧阳鹭霞. 城镇化对房地产市场需求的影响——基于我国省际面板数据的实证分析 [J]. 建筑经济，2013（11）：61 - 63.

[168] 阎金锷，张天西. 中国会计市场若干问题思考 [J]. 审计研究，1999（2）：1 - 7.

[169] 阎金锷. 审计定义探讨——兼论审计的性质、职能、对象、任务和作用 [J]. 审计研究，1989（2）：7 - 14.

[170] 阎金锷. 世纪之交谈我国国家审计 [J]. 山东审计，2000（1）：

6 – 7.

[171] 杨蕾，杨兆廷．农村金融供给侧改革的主要任务及侧重点分析 [J]．农村金融研究，2016（2）：60 – 62.

[172] 杨蕾．领导干部自然资源资产离任审计评价指标体系构建 [J]．商业会计，2016（16）：38 – 40.

[173] 杨沐，黄一义．需求管理应与供给管理相结合——兼谈必须尽快研究和制订产业政策 [J]．经济研究，1986（3）：12 – 20.

[174] 杨时展．审计的发生和发展 [J]．财会通讯，1986（04）：3 – 6.

[175] 杨肃昌，李敬道．从政治学视角论国家审计是国家治理中的"免疫系统" [J]．审计研究，2011（6）：3 – 8.

[176] 姚立杰，付方佳，程小可．企业避税、债务融资能力和债务成本 [J]．中国软科学，2018（10）：117 – 135.

[177] 叶德珠，李小林．CEO 财务经历与债务资本成本 [J]．产经评论，2017，8（3）：135 – 152.

[178] 易信，郭春丽．环境制度改革对经济增长的影响及政策建议 [J]．经济与管理研究，2017（12）：17 – 23.

[179] 殷醒民．供给侧结构性改革下的"补短板"效应——2016 年宏观经济政策分析 [J]．攀登（哲学社会科学版），2016，35（3）：1 – 12.

[180] 于增彪．我国实体经济仍应强化成本管理 [J]．财务与会计：理财版，2009（9）：1.

[181] 余应敏，杨野，陈文川．财政分权、审计监督与地方政府债务风险——基于 2008 – 2013 年中国省级面板数据的实证检验 [J]．财政研究，2018（7）：53 – 65.

[182] 岳书敬．外商直接投资与创新能力——基于中国高技术产业的实证分析 [J]．科技管理研究，2009，29（8）：412 – 414.

[183] 岳书敬．中国区域研发效率差异及其影响因素——基于省级区域面板数据的经验研究 [J]．科研管理，2008，29（5）：173 – 179.

[184] 张安达．国家审计、金融发展与经济增长——基于我国省际面

板数据的实证分析 [J]. 财政监督, 2018, 427 (13): 81 -85.

[185] 张冰. 对外贸易与区域自主创新能力——基于浙江省的市级面板数据研究 [J]. 经营与管理, 2013 (8): 63 -67.

[186] 张曾莲, 王艳冰. 土地财政、政绩利益环境与地方政府债务 [J]. 山西财经大学学报, 2016, 38 (10): 13 -25.

[187] 张宏元, 李晓晨. FDI 与自主创新: 来自中国省际面板的证据 [J]. 宏观经济研究, 2016 (3): 24 -34.

[188] 张琦, 郑瑶, 宁书影. 新闻的信息增量、审计监督与政府财务信息披露 [J]. 审计研究, 2016 (6): 89 -97.

[189] 张晓晶, 孙涛. 中国房地产周期与金融稳定 [J]. 经济研究, 2006 (1): 23 -33.

[190] 张燕生. 财政审计在治理整顿和深化改革中的重要地位 [J]. 审计研究, 1991 (4): 23 -24.

[191] 张以宽. 试论审计的职能 [J]. 北京工商大学学报: 社会科学版, 1983 (2): 52 -56.

[192] 张英明. 审计职能之我见 [J]. 山西财经大学学报, 1987 (6): 51 -53.

[193] 赵静, 杨凯茹, 王建辉. 浅析我国公共支出绩效审计 [J]. 经营管理者, 2014 (21): 37.

[194] 赵静. 地方政府税收竞争对产能过剩的影响 [J]. 技术经济, 2014, 33 (2): 96 -103.

[195] 赵康杰, 景普秋. 资源依赖、有效需求不足与企业科技创新挤出——基于全国省域层面的实证 [J]. 科研管理, 2014, 35 (12).

[196] 赵卿. 中国式产业政策对产能过剩的影响效应研究——基于中国省级面板数据的经验分析 [J]. 经济与管理评论, 2017 (4): 29 -37.

[197] 赵全厚. 中国地方政府融资及其融资平台问题研究 [J]. 经济研究参考, 2011 (10): 2 -9.

[198] 赵晓. "供给侧改革" 最关键的是什么? [J]. 中外管理, 2016

(9)：24.

[199] 赵焱，李开颜. GDP 激励、债务审计与地方官员经济行为 [J].
宏观经济研究，2016（7）：48 – 59.

[200] 赵宇. 供给侧结构性改革的科学内涵和实践要求 [J]. 党的文
献，2017（1）：50 – 57.

[201] 郑华. 预算软约束视角下地方政府过度负债偏好的制度成因分
析 [J]. 财政研究，2011（1）：48 – 51.

[202] 郑石桥. 政府审计建议生产机制：理论框架和问卷数据分析
[J]. 会计之友，2015（23）：126 – 130.

[203] 郑伟宏，李欢，刘秀，张铖. 政策执行效果审计与企业"去产
能"——基于煤炭上市公司的经验数据 [J]. 财会月刊，2018（16）：149 –
158.

[204] 郑小荣. 公告质量、质量特征与策略性行为——基于第 53 号审
计公告与 3 市调查的中国政府审计结果公告研究 [J]. 会计研究，2012
（10）：79 – 86.

[205] 中国财政科学研究院课题组. "三去一降一补"之"降成本"：
政策效果及实体经济成本现状 [J]. 经济研究参考，2017（43）：5.

[206] 沈晓艳. 中国城市土地供应政策对商品住宅库存的影响研究
[D]. 南京：南京大学，2017.

[207] 仲凡，杨胜刚. 人口结构、财政支出刚性对地方政府性债务的
影响基于中国省级面板数据的研究 [J]. 财经理论与实践，2016，37（4）：
78 – 83.

[208] 周黎安. 晋升博弈中政府官员的激励与合作——兼论我国地方
保护主义和重复建设问题长期存在的原因 [J]. 经济研究，2004（6）：33 –
40.

[209] 周黎安. 中国地方官员的晋升锦标赛模式研究 [J]. 经济研究，
2007（7）：36 – 50.

[210] 周黎安. 中国地方政府公共服务的差异：一个理论假说及其证

据［J］. 新余学院学报, 2008, 13 (4): 5 - 6.

［211］周黎安. 转型中的地方政府: 官员激励与治理［M］. 上海: 上海人民出版社, 2008.

［212］周铭山, 张倩倩. "面子工程"还是"真才实干"? ——基于政治晋升激励下的国有企业创新研究［J］. 管理世界, 2016 (12): 116 - 132.

［213］周天勇. 社会主义市场经济成功的关键是经济效率［J］. 理论前沿, 1996 (15): 19 - 20.

［214］周天勇. 中国经济需要"中医疗法"［J］. 中国民营科技与经济, 2012 (8): 62 - 63.

［215］周微, 刘宝华, 唐嘉尉. 非效率投资、政府审计与腐败曝光——基于央企控股上市公司的经验证据［J］. 审计研究, 2017 (5): 46 - 53.

［216］周雪光. "逆向软预算约束": 一个政府行为的组织分析［J］. 中国社会科学, 2005 (2): 132 - 143.

［217］周泽将, 徐玉德. 技术独董能否抑制企业产能过剩?［J］. 财政研究, 2017 (11): 96 - 106.

［218］朱翠兰. 审计学基础［M］. 北京: 国防科技大学出版社, 2003.

［219］朱荣. 国家审计提升政府透明度的实证研究——来自省级面板数据的经验证据［J］. 审计与经济研究, 2014, 29 (3): 23 - 30.

［220］祝继高, 韩非池, 陆正飞. 产业政策、银行关联与企业债务融资——基于 A 股上市公司的实证研究［J］. 金融研究, 2015 (3): 176 - 191.

［221］左进玮. "撞库"视角下的个人信息保护研究［J］. 法制与社会, 2017 (24): 69 - 70.

［222］Akyel R, Aslankara C. Tone at the Top in SAIs to Achieve Quality in Audits and the Experience of the Turkish Court of Accounts［J］. Journal of Turkish Court of Accounts, 2012 (1): 5 - 17.

［223］American Institute of Certified Public Accountants (AICPA) and Canadian Institute of Chartered Accountants (CICA). 1999. Continuous auditing:

research report ［R］. Ontario, Canada.

［224］ Association A. A Statement of Basic Auditing Concepts ［J］. Studies in Accounting Research, 1972 (47): 14 – 74.

［225］ Bertrand, M., and S. Mullainathan. Is There Discretion in Wage Setting? A Test Using Takeover Legislation ［J］. Rand Journal of Economics, 1999 (30): 535 – 554.

［226］ Bertrand, M., S. Mullainathan. Enjoying the Quiet Life? Corporate Governance and Managerial Preferences ［J］. Journal of Political Economy 2003 (111): 1043 – 1075.

［227］ Brown J R, Martinsson G, Petersen B C. Law, stock markets, and innovation ［J］. The Journal of Finance, 2013 (68): 1517 – 1549.

［228］ Brown, J R, Martinsson, G, Peterson, B C. Do Financing Constraints Matter for R&D? ［J］. European Economics Review, 2012, (56): 1512 – 1529.

［229］ Chan L H, Chen K C W, Chen T Y, et al. The effects of Firm-initiated Clawback Provisions on Earnings Quality and Auditor Behavior ［J］. Journal of Accounting & Economics, 2012 (54): 180 – 196.

［230］ Chen J, Guo F, Wu Y. One Decade of Urban Housing Reform in China: Urban Housing Price Dynamics and the Role of Migration and Urbanization, 1995 – 2005 ［J］. Habitat International, 2011 (35): 1 – 8.

［231］ Flint, D. Philosophy and Principles of Auditing: An Introduction ［M］. Macmillan Education Ltd, 1988.

［232］ Guariglia, A, S Mateut. Credit Channel, Trade Credit Channel and Inventory Investment: Evidence from a Panel of UK Firms ［J］. Journal of Banking&Finance, 2006 (30): 2835 – 2856.

［233］ Guo, G. China's Local Political Budget Cycles ［J］. American Journal of Political Science, 2009 (53): 621 – 632.

［234］ Hall, B. H., Lerner, J. The Financing of R&D and Innovation ［J］.

Handbook of the Economics of Innovation, 2010 (1): 609 - 639.

[235] Holmstrom B. Agency Costs and Innovation [J]. Journal of Economic Behavior and Organization, 1989 (12): 305 - 327.

[236] Hussain M. The Role of Pakistan's SAI in Promoting Good National Governance [J]. International Journal of Government Auditing, 2001 (28): 6.

[237] J Kirkley, C J Morrison Psul, D Squires. Capacity and Capacity Utilization in Common-pool Resource Industries: Definition, Measurement, and a Comparison of Approaches [J]. Environmental and Resource Economics, 2002 (11): 71 - 97.

[238] Kefi F. New Information and Communication Technologies: Challenges Facing SAIs [J]. International Journal of Government Auditing, 2005 (32): 1 - 3.

[239] Macarthy J. and Peach R. Monetary Policy Transmission to Residential investment [J]. Economic Policy Review, 2002 (8): 139 - 158.

[240] Mankiw W G, Weil D N. The baby boom, the Baby Bust and the Housing Market [J]. Regional Science and Urban Economics, 1989 (19): 235 - 258.

[241] Mir M, Fan H, Maclean I, Public Sector Audit in the Absence of Political Competition [J]. Managerial Auditing Journal, 2017 (32): 899 - 923.

[242] Mishkin F S Housing and the Monetary Transmission Mechanism [R]. NBER Working Paper, 2007, No. 13518.

[243] Pakarinen A. The Role of SAIs in Auditing Policy and Law-making [J]. International Journal of Government Auditing, 2015 (1): 14 - 17.

[244] Pyun H B. Audit and Civil Society: The Korean Experience [J]. International Journal of Government Auditing, 2006 (33): 20 - 23.

[245] Quinn, M. Stability and Change in Management Accounting over Time-A century or so of Evidence from Guinness [J]. Management Accounting Research, 2014 (25): 76 - 92.

［246］Shunglu V K. The Role of the Auditor in Promoting Good Governance ［J］. International Journal of Government Auditing，1998（25）：1.

［247］Stuiveling S J. Innovation as a Bulwark Against Obsolescence ［J］. International Journal of Government Auditing，2014（3）：1.

［248］Veld，Varga. Supply-side Management in the Reagan Administration ［J］. Public Administration Review，2014（9）：119 – 135.